Dana Candler

Seine Verborgene Nähe

Unsere Reise in die Tiefen des Herzen Gottes

Seine Verborgene Nähe

Unsere Reise in die Tiefen des Herzen Gottes

Vorwort von Mike Bickle

Deutsch von Uta Schmidt

inspiredmedia
Inspired Media Verlag

Die amerikanische Originalausgabe erschien unter dem Titel «Deep Unto Deep» bei Forerunner Publishing, Kansas City, Missouri, USA

Deutsch von Uta Schmidt

Bibelzitate sind, wenn nicht anders angegeben, der Luther 84, der Einheitsübersetzung und der revidierten Elberfelder Bibel entnommen. Wo es nötig war, wurde eine Kombination von zwei Bibelübersetzungen verwendet, ohne sich jedoch von dem Grundtext zu entfernen. Alle Rechte vorbehalten.

Umschlag, Konzept und Layout:
Bernhard Huber, Triebwerk3, Steinhausen, Schweiz

Satz:
filmreif, Niederrohrdorf, Schweiz

Bild Umschlag:
David Costello, Lexington, MA, USA
www.davidcostello.com

Druck:
Schönbach-Druck GmbH, Erzhausen, Deutschland

ISBN-10 3-9523000-1-2
ISBN-13 978-3-9523000-1-5

Weitere Informationen: www.inspired-media.com

Widmung

Für meinen Mann Matthew

Du, Freund meines Herzens und Gottes Geschenk an mich für die Reise dieses Lebens – Du bist mein Held. Du liebst unseren wunderbaren Gott von ganzem Herzen, ganzer Seele und ganzer Kraft. Wir haben dieses Buch zusammen geschrieben. Du warst es, der sich Tag für Tag darum kümmerte, dass ich das Lied meines Herzens niederschreiben konnte. Und während ich so viele Stunden damit zubrachte, das Unausgesprochene in Sprache zu fassen, hast Du mich mit all Deiner Liebe umgeben, mit einer Hand die praktischen Dinge des täglichen Lebens erledigt und mit Deiner anderen Hand mein Herz so liebevoll und wunderbar aufgefangen. Ich liebe Dich.

Inhaltsverzeichnis

Danksagung

An meinen Vater und meine Mutter – wer wäre ich ohne Euch? Danke, dass Ihr mich von klein auf in die innige Beziehung mit Jesus geführt habt, und danke für Euren unermüdlichen Eifer für Seinen Namen. Ihr seid meine Glaubensvorbilder.

An Deborah – Meine liebe Schwester und Freundin von Mutterleibe an. Dieses Buch drückt genauso Dein Herz aus wie meines. Du bist für mich ein Strahl des Lichts, mein Botschafter der Hoffnung und meine Freundin im Glauben auf dem vergangenen und vor uns liegenden Weg.

An Dave und Dan – Meine Brüder und Freunde. Ich bewundere Eure Liebe und Hingabe an den Einen, den wir lieben – den Mann Jesus Christus.

An Karli – Deine Freundschaft drängt mich immer wieder dahin, dass ich in Jesus eine echte Person lieben kann, und dass Sein und mein Herz sich ganz einfach begegnen können.

An Amybeth – Du bist für mich das lebendige Zeugnis von einem Herzen voller Wohlgeruch, von einem Leben, das mit Liebe für Jesus gefüllt ist und sich in Liebe für Ihn hingibt.

An Mike – Danke für Deine Freundschaft, für Deine Opferbereitschaft und vorbehaltlose Hingabe. Vor allem will ich Dir danken, dass Du Dein Leben den 20-Jährigen widmest.

Vorwort

Es gibt heute nur wenige Stimmen auf der Erde, die den Leib Christi zu einer innigen Beziehung mit Jesus aufrufen. Die meisten Gemeinden sind mit den neusten Methoden, Strategien und Gemeindemodellen beschäftigt, aber immer mehr Gläubige richten ihr Leben darauf aus, der Person Jesu an dem Ort des Gebets zu begegnen – und Dana ist eine von ihnen.

In *Seine Verborgene Nähe* vergegenwärtigt uns Dana das kostbare geistliche Prinzip von heiliger Sehnsucht, die das menschliche Herz in die Tiefen von Gottes Liebe zieht. Dabei geht sie auch auf unsere schwierigen Erfahrungen der Unfruchtbarkeit im Gebet und auf Zeiten von Gottes Schweigen ein; sie erforscht die Themen der Gemeinschaft mit dem Heiligen Geist und dem Bund mit Gott und spricht sowohl ganz praktische Aspekte an, wie auch die mystische Dimension der Verbindung zu Gott im Gebetsleben. Ich habe das Vorrecht, Dana und ihren Mann Matt bereits seit vielen Jahren zu kennen. Beide sind von Anfang an ein wichtiger Bestandteil unseres Leitungsteams im *International House of Prayer.* All die Jahre hindurch habe ich immer wieder gesehen, dass Dana «das gute Teil» erwählt hat: zu Jesu Füßen zu sitzen und die innige Beziehung zu Ihm zu pflegen. Seine Worte haben in ihr eine so klare und starke Realität erzeugt, dass sie fraglos zu einer deutlichen Stimme wurde, die von der Erkenntnis des Herzen Jesu Zeugnis gibt – in einer

Sprache, wie sie nur durch persönliche Erfahrung und Einsicht entstehen kann.

Der Herr hat Dana mit einer wunderbaren Fähigkeit begabt, nicht nur die Leidenschaft Gottes zu vermitteln, sondern auch das schwächste aller Herzen auf seinem Weg zu stärken und von Seiner Liebe zu überzeugen. Sie verkündet nicht nur die Botschaft der Nähe und innigen Beziehung mit Klarheit und Kraft – sie lebt sie auch!

Mit Freuden empfehle ich *Seine Verborgene Nähe* als eine wertvolle Ressource für die eigene Reise auf dem Weg zur innigen Nähe mit Gott. Ich werde es als strategisches Rüstzeug benutzen und es für unsere Mitarbeiter im *International House of Prayer* zur Pflichtlektüre machen. Ich freue mich schon auf die Bücher von Dana, die in Zukunft noch kommen werden!

Mike Bickle
Direktor des *International House of Prayer* in Kansas City, USA

Einleitung

Dieses kleine Buch handelt von der Reise des menschlichen Herzens in die gewaltigen und wunderbaren Tiefen des Herzen Gottes. Die größte Frage dabei ist: *Wie können unsere schwachen Herzen in den reißenden Strom der göttlichen Liebe eintreten?* Durch die Jahrhunderte hindurch haben Menschen über dieses Thema geschrieben, und ich beabsichtige nicht, sie zu übertreffen, sondern ich will mit einfachen Worten und auf eine langsame Weise reden. Denn mein eigenes Herz ist einfach und braucht eine langsame Herangehensweise.

In einem jeden von uns steckt das tiefe Verlangen nach Echtheit und nach der Berührung mit dem Ursprung unseres Seins. Wir sehnen uns danach, tief von dem Mann zu schöpfen, der sich selbst «Lebendiges Wasser» nennt und von dem Sinn und Bedeutung des Lebens ausgehen. Aber in dem kleinen Universum zwischen unserem eigenen Herzen und dem Herzen des lebendigen Gottes begegnen wir einer schmerzlichen und verwirrenden Kluft. In unseren Zeiten des Gebets erleben wir oft Schweigen, Leere und Unfruchtbarkeit. Dies alles deuten wir als klaren Beweis für unser eigenes Versagen und erkennen dabei schlichtweg nicht, dass diese Umstände von Gott gewollt sind. Wir müssen die Juwelen erst noch entdecken. Solange wir diese Schätze nicht erkennen, werden wir immer wieder entmutigt, genau danach zu streben, wozu wir doch geschaffen wurden: *der innigen Beziehung mit dem Sohn Gottes.*

Hinter den Seiten der Heiligen Schrift verbirgt sich ein Mann. Ein echter Mann sitzt auf einem echten Thron hinter dem Schleier dieses Lebens auf Erden. Da ist eine *wahre* Person, die meine Gebete erreichen, wenn ich meine Stimme erhebe. Von diesem Mann kann ich viele Worte zitieren und Dutzende von Geschichten erzählen. Und ich kann auch viele Gebete zu Ihm sprechen. Aber was von all dem ist echte Beziehung? Wo berührt mein menschliches Herz das himmlische Herz Gottes, wo habe ich wahre Gemeinschaft mit Ihm? Was entstammt bloßer Rhetorik, und was ist wirklich echt? Wenn ich eines Tages, vielleicht schon bald, von Angesicht zu Angesicht vor Ihm stehe, wenn ich Seinen Augen zum ersten Mal begegne, wird mir dann dieser Blick vertraut sein? Wird sich die innige Beziehung zu Ihm, so wie ich sie in diesem Leben auf Erden kannte, als echt erweisen und in den Räumen der Ewigkeit widerhallen? Werde ich Ihn wirklich *kennen?*

Meine Frage ist die: Wie können wir von dem bloßen Wissen über den Mann Jesus Christus an den Ort der innigen Beziehung gelangen, wo wir Ihn wirklich *kennen?* Wie schaffen wir es, von einem distanzierten Schauen auf den Gott der Heiligen Schrift an den Ort der persönlichen Begegnung und der erfahrbaren Fülle Seiner innigen Nähe zu gelangen? Mit diesem sehnlichen Verlangen nach einer innigen Beziehung ist gleichzeitig auch eine dringende Notwendigkeit verbunden. Wie wichtig ist es gerade in dieser Stunde, in der wir leben, eine innige Nähe zum Lamm Gottes zu haben! In unserer heutigen Zeit nimmt der Druck und die Angst auf der ganzen Erde beständig zu. Als gesamte Generation werden wir die gewaltigste Herrlichkeit erleben, die je ein menschliches Herz gesehen hat – und gleichzeitig werden wir den größten Nöten entgegengehen, die es je auf Erden gegeben hat. Nur eines wird unsere Herzen bewahren und für das ausrüsten, was vor uns liegt: die innige Beziehung zu Gott. Es ist die persönliche Erkenntnis des Herzens unseres geliebten Gottes und die innige Gemeinschaft mit Seinem Heiligen Geist.

Auf der ganzen Erde ist ein tiefes Verlangen nach Echtheit zu finden, nach der Erkenntnis Gottes in ihrer ursprünglichen Form.

Wer ist bei Ihm gewesen? Wer kennt Sein Herz? Wer hat wirklich in der Gegenwart Gottes gelebt? Es ist der Ruf nach all denen, die im Rat des Herrn gestanden haben, die Sein Herz erkannt und Seine Nähe erfahren haben (Jer. 23,18). Gerade in dieser Krisenzeit herrscht in unserem Land ein großer Mangel an *echter und inniger Beziehung* mit Gott.

Der Ruf, der heute im ganzen Leib Christi erschallt, entspringt einer Sehnsucht, die so alt ist wie die Menschheit selbst und so notwendig wie die Luft, die wir atmen. Es ist das Verlangen nach einer so tiefen, innigen Beziehung mit dem lebendigen Gott, wie Jesus es den weisen Jungfrauen zusprach (Matth. 25,1-13). Es ist der Wunsch zu kennen und erkannt zu werden – dem Einen zu begegnen und Ihn als den zu erleben, aus dem alles Leben entspringt. Es ist der verzweifelte Ruf nach diesen inwendigen Lichtern, die bei der Wiederkunft Christi in unserem Innern brennen sollten. Dieser tiefe Ausruf in den Herzen der Gläubigen auf der ganzen Erde wächst von Tag zu Tag, und das sehnsüchtige Verlangen nimmt immer mehr zu. Der Schmerz wird immer intensiver. Worte und Ideen reichen nicht mehr aus. Wir sind es leid, von einem Gott der Liebe zu hören, aber die Kraft dieser Liebe nicht zu erfahren. Wir sind mit Geschichten aus Zeiten vertraut, in denen Er eingegriffen hat, aber wir leiden unter Mangel an der erfahrbaren Gegenwart Gottes in unserem eigenen Leben. Wir wollen ein lebendiges Feuer in uns. Wir wollen nicht nur eine Theologie über die Erfahrung mit Gott, sondern eine echte Begegnung mit Jesus Christus, aus der alle Theologie hervorgeht. Wir wollen nicht nur Konzepte, sondern die Beziehung mit dem, der den Konzepten lebendigen Atem verleiht. Wir wollen nicht nur Worte über Jesus hören, wir wollen Ihn persönlich kennen, Ihn berühren und Seine Nähe erleben. Wir wollen Echtheit.

Diese tiefe Sehnsucht nach Echtheit ist unser Herzensschrei. Doch dieses brennende Verlangen kommt nicht aus uns selbst. Es ist auch nicht aus unserer eigenen Rechtschaffenheit heraus entstanden. Nein, der Herr selbst hat diese Flamme des Verlangens in unseren Herzen entzündet, und Er ist derjenige, der diese Flamme am Brennen hält. Nur Er kann das schmerzliche Verlangen an den Ort der wirklichen Erfüllung bringen. Unser Hunger nach Ihm weckt uns auf übernatürliche Weise, und Seine Antwort auf unser Erwachen entzündet eine göttliche Flamme in uns. Er hat dieses Verlangen in uns hervorgerufen, und Er wird es auch selbst beantworten. Er hat diesen Hunger in unsere Seelen gelegt, damit er zu Seiner Zeit und allein durch Ihn gestillt werden kann. Er hat diese Dringlichkeit in uns hineingelegt, damit zur kommenden Mitternachtsstunde all jene Lampen in der Dunkelheit hervorstrahlen können, die mit dem Öl der innigen Beziehung gefüllt sind. So wird es möglich, dass sie vielen das Licht bringen können. Dieser Prozess vom Erwachen hin zur brennenden Sehnsucht ist in der Tat die Reise in die Tiefen des Herzen Gottes.

Gott hat unsere irdischen Leben so angelegt, dass durch die verschiedenen Abschnitte unserer Reise eine stets tiefere Beziehung zu Ihm entsteht. Ich habe mich dabei gefragt: Was für Einsichten hat der Herr uns gegeben, damit Sein Licht auf dieses heilige Bestreben fällt? Wie offenbart sich uns diese Reise? Die Antwort ist im Wort Gottes zu finden, welches uns als Hilfe auf unserem Weg gegeben ist. Sie ist im Hohenlied der Liebe zu finden, in dem der Leib Christi als Seine geliebte Braut versinnbildlicht wird. Wir haben den Helfer, den Heiligen Geist, der uns stets leitet und uns im Verlauf unserer Reise in eine immer größere Liebe hineinführt. Und wir haben einander – Heilige Gottes aus Vergangenheit und Gegenwart, mit all den Zeugnissen, die sie in sich tragen. Zusammen mit dieser Eskorte versuchen wir, ein Portrait zu malen und hier und da eine Farbe hinzuzufügen, um die vielen Schattierungen aus Gottes Palette zu offenbaren. So werden die Absichten Gottes sichtbar und werfen Licht auf diesen geheimnisvollen Prozess der einzigartigen Liebesgeschichte zwischen Gott und der menschlichen Seele.

Dieses Buch beinhaltet echte Tagebuchaufzeichnungen in Form von Gebeten und Herzensrufen, die während meiner eigenen Reise entstanden sind. Es ist mein Beitrag zu dem Meisterwerk, das der

Heilige Geist über die Reise in die Tiefe Seiner Liebe entfaltet – ein Meisterwerk, das aus vielen Abschnitten besteht und von unendlich großer Vielfalt gekennzeichnet ist. Obwohl diese Abschnitte fortlaufend ineinander übergehen, ist es doch wichtig, an dieser Stelle zu erwähnen, dass sie nicht als eine Schritt-für-Schritt-Entwicklung angesehen werden dürfen, die uns stufenweise und in genauer Abfolge vorwärts bringen. Wir sind Liebende, und als solche wird unsere Reise nicht aus einem Treppensteigen bestehen, bei dem wir schrittweise die Beförderung zu einer höheren Stufe empfangen, bis wir endlich an den Ort der erfüllten Liebe gelangen. Vielmehr wird jeder einzelne Abschnitt von unserem Bräutigam-Gott für das jeweilige Herz maßgeschneidert. Der gesamte Verlauf der Reise eines jeden Liebenden ist ein vollkommenes Gewebe, das mit völliger Genialität, Weisheit und Liebe entworfen wurde. Wenn auch vielleicht ein Abschnitt genau mit meinen folgenden Beschreibungen übereinstimmen kann, so wird die nächste Etappe wie ein Schneesturm im Sommer erscheinen und jegliche Regel durchbrechen. So unterschiedlich wie jede einzelne Person von allen anderen ist, so unterschiedlich wird auch deine und meine Reise sein. Deshalb können wir keine allgemeingültige Methode aus Schritten oder Phasen entwerfen, an denen wir unseren Fortschritt messen könnten. Denn sobald wir denken, dass wir einen Schritt vorwärts gekommen sind, finden wir uns plötzlich an einem Punkt wieder, an dem uns alles wie ein Rückschritt erscheint. Wenn wir versuchen, uns an unserem Weg zu messen, werden wir viel emotionale Energie verschwenden. Lasst uns daher lieber den Blick auf das Geheimnis der Vielschichtigkeit eines jeden Abschnitts dieser Pilgerreise richten. Unser Fortschritt auf der Reise lässt sich nicht in Kategorien einteilen. Nur durch fortwährendes Staunen über die innige Beziehung, die uns in jedem Abschnitt auf der Reise in allen Einzelheiten vor Augen gemalt wird, können wir in der Liebe wachsen.

Gebet einer Unfruchtbaren

Mein Herz ist voller Schmerz.
Ich liebe Ihn, ja, aber so unvollkommen.
Ich verlange nach Ihm, ja, aber nur so schwach.
Ich will Ihn, das ist wahr, aber nur zögernd.
Sogar der Schmerz in mir
ist nur ein dumpfer Hauch, lediglich ein Unbehagen
und nicht ein herzzerreißender Schmerz,
der zwei Liebende ergreift.
Meine Erkenntnis ist nichts. Meine Weisheit so gering.
Ich sehe nichts so, wie es wirklich ist.
Ewigkeit ist Licht. Das Leben auf Erden finster.
Geschichten bleiben lediglich Geschichten.
Nichts durchdringt die Tiefen meiner Seele
und überwältigt mich mit göttlicher Offenbarung.
Dein Kreuz ist nur ein Bild, Dein Himmel nur eine Fantasie.
Meine Tränen sind Emotionen, von Deinem Opfer berührt.
Aber nicht die Tränen, die teilhaben an Deinem Leid.
Ich nenne Deinen Namen so lieblich, doch kenne ich Dein Antlitz nicht.
Alles, was ich bin, ist so weit weg. So weit entfernt, so abgeschieden.
Aber Du rufst mich zu Dir.
Dennoch, mein Herr, bin ich nichts. Ich habe nichts. Ich weiß nichts.
Als ich dachte, etwas zu haben,
verging es vor Deiner Herrlichkeit,
und ich stand entblößt vor Dir. Nichts in meiner Hand.
Wortkarg. Leer. Bedürftig und allein.
Trotzdem, mein Geliebter, rufe mich zu Dir.
Ja, lass mich nicht an diesem Ort, sondern ziehe mich hin zu Dir.
Auch wenn ich nichts habe, auch wenn ich schwach bin,
ich halte fest an Deiner unendlichen Liebe.
Wohin sonst soll ich gehen?
Wen hätte ich sonst, außer Dir?

Kapitel **1**

Das Erhabene am unfruchtbaren Gebet

Ich erinnere mich noch genau an den Tag. Ich erinnere mich sogar an viele von solchen Tagen und erlebe immer noch einige von ihnen. Was für eine Ansammlung von langen und leeren Stunden an Gebet sie beinhalten. Tage von unfruchtbarem Gebet. Ich erinnere mich an einen ganz bestimmten Tag, der aber, ehrlich gesagt, nicht sehr viel anders war als die meisten anderen. Es war nicht das erste Mal, dass ich einen Tag wie diesen erlebte, aber er war sicherlich einer der schwierigeren. Ich sehnte mich nach nichts mehr als nach Gottes Nähe. Ich wollte so sehr die inneren Zwänge loswerden, die mich an jener tieferen Gemeinschaft mit Ihm hinderten, für die ich doch geschaffen war. Ich wollte, dass der Herr die Füchse fängt, die immer wieder an dem Weinstock meines Herzens nagten (Hohelied 2,15). Und ich wusste, dass dies nur geschehen kann, wenn ich mit meiner geistlichen Unfruchtbarkeit vor Ihn komme und mich damit von den niederen Verlockungen abwende hin zu dem Einen, der würdig ist und der die atemberaubende Leidenschaft aller Zeiten ist. Nur dort würden sich all die falschen Umklammerungen meines Herzens lösen.

Allein in meinem Zimmer. Die Bibel aufgeschlagen. Der Terminkalender leer. Mein Herz voller Erwartung. Aber nichts passiert. Nur Schweigen umgibt mich. Meine Worte schienen im Boden zu versinken. Die Seiten meines Tagebuchs blieben unbeschrieben.

Ich hatte nicht einmal eine Träne, die ich meinem sehnsüchtigen Verlangen hätte schenken können. Gebet war schwer. Das Wort berührte oder erwärmte mein Herz in keiner Weise. Alle Gefühle schienen wie tot. Fast jede Minute schaute ich auf die Uhr und sah, wie aus einer Stunde zwei wurden. Es war einer jener Tage, an denen ich mein Ziel ganz aus den Augen verlor. Warum war ich überhaupt hier? Was tat ich eigentlich? Was für einen Sinn hatte das Warten? Was hatte ich falsch gemacht? War das alles Zeitverschwendung? Vom Sitzen stand ich auf und ging im Zimmer umher, vom Lesen ging ich zum leisen Gebet über, und vom leisen Gebet zum Schweigen. Immer noch nichts. Keine Antwort. Kein Laut. Aus zwei Stunden wurden drei. Aus dem Morgen wurde Nachmittag. Und so zog der Tag vorüber – langsam und schmerzvoll leer – ein Tag des wartenden Herzens im unfruchtbaren Gebet.

Obwohl die Geschichte attraktiver wäre, wenn ich jetzt einen dramatischen Wendepunkt beschreiben könnte, an dem Gott plötzlich durchbrach und sich damit alles änderte – so war dem jedoch nicht so. Es wäre weder die Wahrheit, noch das, worauf ich hinaus möchte. Der Nachmittag wurde langsam zum Abend, und ich stieg schließlich in mein Auto und fuhr ziellos durch die Gegend. Bei einem Einkaufszentrum parkte ich etwas abseits von den anderen Autos und sah eine Zeit lang zu, wie die Leute einfach so kamen und gingen. Leise begann ich mein Herz im Gebet vor Gott zu bringen.

Ich schaute durch die Frontscheibe hoch in den bewölkten Himmel und spürte die Distanz zwischen meinem Herzen und dem Schöpfer der Erde. Als ich endlich ein paar Tränen fand, rief ich voller Schmerz, nicht voller Sanftheit: «O Herr, wann wirst Du zu meinem schwachen Herzen kommen?»

Als der Abend kam, war ich nur noch froh, dass dieser Tag ein Ende nahm. Bevor ich zu Bett ging, konnte ich nur noch ein letztes Wort an den Herrn richten: *«Schreibe es in Dein Buch, o Herr. Wenn der Tag auch noch so leer und trocken war, möge er doch eine Bedeutung für die Ewigkeit haben, die ich jetzt noch nicht verstehen kann. Schreib es auf, damit Du mir eines Tages vorlesen kannst, wie kostbar er war. Behalte diesen*

Tag in Erinnerung, auch wenn er in meinem Gedächtnis mit so vielen anderen Tagen verblassen wird. Lass ihn in Deinem Herzen wertgeschätzt sein. Und Herr, schenke mir Gnade, darum bitte ich Dich. Schenke mir die Gnade, dass ich mich morgen aufs Neue im Gebet hingeben kann. Dass ich glauben kann, dass es etwas bewirkt. Dass ich mein Herz vor Dich bringen kann, auch wenn ich mich unproduktiv und unfruchtbar fühle. Gib mir die Gnade, dass ich den morgigen Tag aufs Neue vor Dir in Liebe verbringen kann. Denn ich kann mir kein edleres Gut für einen Tag erdenken, als ihn mit Dir zu verbringen, ob ich Deine Nähe spüre oder nicht. Oh, hilf mir durch die Zeiten der Schwachheit. Gib mir die Gnade für nur einen weiteren Tag.»

«Denn ich kann mir kein edleres Gut für einen Tag erdenken, als ihn mit Dir zu verbringen, ob ich Deine Nähe spüre oder nicht.»

Der verborgene Schatz der Unfruchtbarkeit

«‹Freu dich, du Unfruchtbare, die nie gebar, du, die nie in Wehen lag, brich in Jubel aus und jauchze! Denn die Einsame hat jetzt viel mehr Kinder als die Vermählte›, spricht der Herr.» *Jesaja 54,1*

Wir sind auf einer Reise zum Herzen Gottes, und diese Reise besteht im Wesentlichen aus Gebet und Gemeinschaft mit dem Einen, den wir lieben. Wenn wir diesen Platz der Gemeinschaft mit Gott einnehmen, wenn wir uns Ihm hingeben und im Gebet vor Ihn treten, so ist das Erleben einer inneren Leere eine der schwierigsten und zugleich auch eine der häufigsten Erfahrungen, die wir machen. Wenn wir vor Ihn kommen, hoffen wir auf eine Zeit der Erfrischung und Fülle, aber stattdessen starren wir oft nur auf die Uhr und zählen die Minuten. Statt befreiender Tränen spüren wir nur Unfruchtbarkeit. Wir sitzen in unserem Zimmer, oder da, wo wir gewöhnlich beten – und warten. Wir lesen das Wort und beten es zurück zu Ihm. Wir laufen umher. Wir singen. Wir halten Ausschau. Wir erheben unsere Stimmen. Wir geben Ihm unsere Herzen hin. Aber wir fühlen nichts. Wir sehen nichts. Allem Anschein nach passiert absolut nichts. Wir hören Ihn nicht. Wir spüren Ihn nicht. Nichts weist darauf hin, dass Er irgendetwas in unseren Herzen bewirkt.

Und so verbringen wir viele Stunden in einem leeren Raum, ohne eine Antwort vom Himmel zu bekommen oder die Nähe Gottes zu verspüren. Das reicht oft aus, um uns völlig zu entmutigen und uns davon abzubringen, Ihn weiter zu suchen. Deshalb ist es wichtig, dass wir Ihn tiefer kennen lernen und verstehen, was in diesen Zeiten in *Seinem* Herzen geschieht – wie *Sein* Herz beschaffen ist und wie *Er* diese scheinbar unfruchtbaren Tage sieht.

Aus der Ewigkeitsperspektive gesehen sind diese Gebete *mehr als bedeutungsvoll*. Bei der Erklimmung des Berges der Erkenntnis Gottes zählen sie unbeschreiblich viel. Sie sind es, die die Seiten des Buches füllen. Sie sind die normalen Tage zwischen den Extremen. Und so hat Er es auch vorgesehen. Er hat unsere Reise so angelegt, dass sie nicht nur Zeiten mit wohlklingenden Tönen und schönen Emotionen beinhaltet, sondern auch Zeiten der gefühllosen Stille und des Schweigens. Sie sind ein Teil der Reise. Diese Zeiten fühlen sich unfruchtbar an, aber sie sind es nicht. Sie sind in den Augen des Allmächtigen alles andere als unnütz, und Er vergisst keinen einzigen Moment. In diesen Zeiten säen wir in Gottes Geist hinein, und wenn die Zeit gekommen ist, werden wir auch von Seinem Geist ernten (Gal. 6,8).

Er hat unsere Reise so angelegt, dass sie nicht nur Zeiten mit wohlklingenden Tönen und schönen Emotionen beinhaltet, sondern auch Zeiten der Stille und des Schweigens.

Auch wenn wir das oft denken, der Herr verachtet unsere Schwachheit nicht. Er ist von unserer Kraftlosigkeit nicht überrascht. Ganz im Gegenteil, als Schöpfer und Retter schätzt Er den Prozess, bei dem wir unsere Kraft in Ihm finden und lernen, uns an Ihn anzulehnen. In unserer Schwachheit wird Seine Stärke sichtbar (2. Kor. 12,9), und aus unserer Schwachheit gewinnen wir Kraft (Hebr. 11,34). Er selbst hat bei der Errichtung Seines Königreichs auf unsere Schwachheit gebaut. «Zwar wurde er in seiner Schwachheit gekreuzigt, aber er lebt aus Gottes Kraft. Auch wir sind schwach in ihm, aber wir werden zusammen mit ihm vor euren Augen aus Gottes Kraft leben ...» (2. Kor. 13,4). Er ist nicht ein Hoherpriester, der mit unserer Schwachheit nicht mitfühlen könnte (Hebr. 4,15); Er kennt sie durch und durch und nimmt uns in diesem Zustand völlig an und lädt uns dazu ein, unsere schwachen Stimmen und unseren schwachen Blick unentwegt im Gebet und in der Gemeinschaft mit Ihm zu erheben.

> *Er bezeichnet es als Sieg, wenn wir ganz bewusst in der Dürre unserer Unfruchtbarkeit unsere Stimme zu Ihm erheben. Das nennt Er edel.*

In solchen Zeiten der Schwachheit und Unfruchtbarkeit schenkt Gott unseren Herzen jedes Mal neu die Gnade für «einen weiteren Tag». Es sind die kleinen, aber nicht unbedeutenden Gnadenerweise, die uns die Kraft am Morgen schenken, Ihm erneut einen weiteren Tag im Glauben zu folgen. An solchen langen Tagen von unfruchtbarem Gebet leuchtet uns meist nur ein Licht am Ende des düsteren Tunnels entgegen: die Vollendung des Tages. Wenn wir uns abends in unser Bett legen, ist dies der einzige Sieg, den wir zu verbuchen haben: wir haben es geschafft. Obwohl wir schwach und zerbrechlich sind, so haben wir doch «Ja» gesagt! Und mit dem Blick zum Himmel bleibt uns noch ein letztes Gebet: *So verleihe meinem Tappen in der Dunkelheit irgendwie Bedeutung und verwandle diese Zeit des scheinbaren Stillstands mit Deiner unvergleichlichen Weisheit, damit sie zu einer wichtigen Wegstrecke auf meiner Reise hin zu Dir wird.*

Der Herr ruft alle, die in dieser Unfruchtbarkeit leben – all jene, die noch nicht erfahren haben, was es bedeutet, Frucht zu tragen und den Ertrag der Mühe zu ernten – ihre Stimmen zu erheben und zu singen (Jes. 54,1). Er offenbart uns, welch unschätzbaren Wert dieses Lied für Ihn hat, auch wenn es mitten aus einem leeren Herzen stammt. Die Gebete und die Lieder, die wir auf unseren Durststrecken vor Ihn bringen, sind Ihm unendlich kostbar.

Er legt keinen Wert auf etwas, was wir zwar Frucht oder «Sieg im Gebet» nennen, was aber aus unserer eigenen Stärke und nicht aus unserer Nähe zu Ihm hervorgegangen ist. Er bezeichnet es als Sieg, wenn wir ganz bewusst in der Dürre unserer Unfruchtbarkeit unsere Stimme zu Ihm erheben. Das nennt Er edel. Das erachtet Er als weise. An dieser Stelle überwältigen unsere schwachen Worte Sein großes Herz.

Die Weisheit des Wartens

Gerade in diesen Zeiten des unfruchtbaren Gebets erhebt sich gegen uns die Anklage, dass wir etwas grundlegend falsch machen. Unsere eigene Logik legt uns nahe, dass Gott uns viel eher begegnen und wir Ihn weitaus mehr erleben würden, wenn wir es nur richtig machten. Die erdrückende Leere in uns scheint ein Zeichen dafür zu sein, dass wir irgendetwas nicht richtig verstanden haben. Denn bei allen anderen scheint es ja ganz von selbst zu gehen, oder sie haben sicherlich von Gott das richtige Rezept empfangen, das ihnen präzise beschreibt, wie sie Ihm im Gebet begegnen können. So fragen wir uns, ob vielleicht etwas anderes dran ist zu beten, oder ob wir gerade eine andere Bibelstelle lesen sollten, als wir es gerade tun. Wir denken, dass vielleicht die Art und Weise, wie wir beten, falsch ist oder dass wir eine ganz neue Strategie finden sollten. Vielleicht kommt Er *dann!?*

Unsere Herzen rufen aus nach Ihm: «Wo bist Du, Herr?» Nichts tut sich. Keiner spricht. Nur Schweigen. Nur Stille. Der heutige Tag scheint genau so wie der gestrige zu sein – leer und bedeutungslos. Wir spüren und sehen, dass sich äußerlich nichts tut, und die quälende Anklage schleicht ständig um uns herum, dass sich im Inneren auch nichts zu tun scheint. Es ist, als ob alle Kraft unserer Kultur und Geschichte mit gewaltiger Geschwindigkeit gegen uns prallt, um uns davon zu überzeugen, dass es nutzlos sei, vor unserem Gott still zu sein und auf Ihn zu warten. Wir denken: «Für Daniel, Maria oder David war es das Richtige, aber sie wussten offensichtlich etwas, was ich nicht weiß. Oder aber Gott hat ihnen eine besondere Gnade geschenkt, die ich nicht habe. Vielleicht lebten sie unter einer größeren göttlichen Salbung und Er offenbart sich heute nicht mehr so wie damals.» All diese Gedanken und noch viele mehr nisten sich in unserem Kopf ein, während wir in der Stille sitzen und schier ums Überleben kämpfen. In diesen Zeiten müssen wir den guten Kampf des Glaubens führen und unsere Seelen daran erinnern, wie bedeutungsvoll diese schwachen Tage in Seinen Augen sind und für wie weise Er sie erachtet. «Ohne Glauben aber ist es unmöglich, (Gott) zu gefallen; denn wer zu Gott kommen will, muss glauben, dass er ist und dass er denen, die ihn suchen, ihren Lohn geben wird» (Hebr. 11,6).

Ein überwältigter Gott

Im Hohenlied Salomos 4,9 spricht unser Geliebter Jesus zu uns und sagt: «Verzaubert hast du mich, meine Schwester, meine Braut; ja verzaubert mit einem Blick deiner Augen, mit einer Perle deiner Halskette.» Er schenkt uns Einblick in das, was in Seinem Herzen vor sich geht, wenn wir unseren schwachen Blick auf Ihn richten und jede noch so kleine Willensentscheidung treffen, Ihn erneut zu lieben. All diese schwachen Blicke und kleinen Entscheidungen entstehen in unseren Dürrezeiten, in denen wir selbst nichts spüren. Gott misst unsere Liebe nicht an unseren Gefühlen, wie wir es so oft tun. Wir neigen dazu, unsere Erfahrung mit Gott mit dem gleichzusetzen, was wir fühlen. Aber Gott ist derjenige, der Liebe ermisst, und was wir oft unfruchtbar nennen, nennt Er fruchtbar; was wir manchmal als Zeitverschwendung ansehen, sieht Er als kostbare Zeiten an. Er «ruft das, was nicht ist, ins Dasein» (Röm. 4,17).

Er hat es zugelassen, dass ein Pfeil Sein mächtiges Herz durchbohren kann – der Pfeil der Gläubigen auf Erden, die Ihm den schwachen Blick eines liebeskranken Herzens schenken.

Mit unserer schwachen Hingabe bezaubern wir Sein Herz. Auch wenn diese Worte noch so unglaublich erscheinen, sind sie doch wahr. Die Erde ist des Herrn und alles, was darin ist, und doch hat Er Sein Herz für unsere Liebe geöffnet, um von solchen Wesen wie dir und mir überwältigt zu werden. Schwache, verzagte, für Entmutigung anfällige Menschenherzen. Er hat zahllose Engel, und Er kennt jeden einzelnen Stern mit Namen, aber mein kleines Herz überwältigt Ihn. Keine Armee der Welt könnte diesen Mächtigen erobern. Die Fürsten der Erde versammeln sich gegen Ihn und Er lacht über sie mit göttlicher Belustigung (Ps. 2,4). Aber es gibt eine Sache, einen bildlich gesprochen «schwachen Punkt» in Seinem Herzen. Er hat es zugelassen, dass ein Pfeil Sein mächtiges Herz durchbohren kann – der Pfeil der Gläubigen auf Erden, die Ihm den schwachen Blick eines liebeskranken Herzens schenken. Es ist die schwache Entscheidung eines freiwilligen Herzens, Ihn zu lieben, ohne Ihn sehen zu können.

Wir stehen auf Zehenspitzen an der Schwelle der Zeit, werfen einen festen, beständigen Blick in die Ewigkeit und suchen den Horizont nach dem Einen ab, der außerhalb von Raum und Zeit lebt.

Wir schauen in ein Geheimnis, und es ist wie der Blick in einen dunklen und matten Spiegel (1. Kor. 13,12). Obwohl wir Ihn noch nicht gesehen haben, lieben wir Ihn (1. Petr. 1,8). Unser Blick ist auf eine unsichtbare Welt gerichtet und wir halten Ausschau nach unserem Geliebten im Gebet. Und genau dieser Blick überwältigt Ihn und lässt Ihn mit den stürmischen Worten des poetischen Liedes überströmen: «Wende deine Augen von mir, denn sie überwältigen mich!» (Hohelied 6,5). Ich stelle mir Jesus vor, wie Er sich mit Seinen feuerflammenden Augen dem Vater zuwendet und ruft: *«Schau sie dir an, Vater! Sie hat Mich nicht gesehen, aber dennoch glaubt sie! Erneut schaut sie mit ihren Augen auf Mich. Sie hat sich entschieden, ihren Blick auf das Unsichtbare zu richten. Oh, sie überwältigt Mich! Wie sehr sie Mein Herz mit ihrem leidenschaftlichen Blick ergreift!»*.

Genau das geschieht im Geist, während wir auf Erden um Glauben ringen. Wenn wir im Gebet vor Ihn treten, halten wir Ihm unseren schwachen Glauben hin und entscheiden uns abermals dafür, Ihm zu glauben, dass Er unsere verzagten Worte wertschätzt und jeden einzelnen unserer Seufzer in Seinem Herzen bewahrt. Am Ende des Tages, wenn wir das erlebt haben, was sich wie nichtig anfühlt, kehren wir zu unserem Bett zurück und sagen mit glaubendem Herzen: «Es zählt doch, oder? Ich sammle etwas Kostbares im Himmel an, oder nicht? Diese Tränen, die niemand sieht, außer Du selbst, Du wirst sie mir doch bestimmt eines Tages zeigen!?» Und wiederum haben wir Glauben für einen weiteren Tag. Wir strecken uns nach dem Unsichtbaren aus. Und obwohl uns der Gedanke ständig plagt, dass wir vielleicht den ganzen Tag im Gebet verschwendet haben, so entscheiden wir uns doch dafür zu glauben, dass Er das anders sieht. Was unserer Meinung nach nichts Erinnerungswertes beinhaltet, hält Er als kostbares Gut in Seinem Gedächtnis. Eines Tages wird Er sagen: «Es zählt! Jedes einzelne Mal hat gezählt! Alles war Teil Meines vollkommenen Planes. Du bist mit etwas in Einklang getreten, was du nicht einmal sehen oder erfassen konntest. Und jeder Schritt deines Herzens, jede einzelne Willensentscheidung für Mich hat dadurch einen ewigen Wert bekommen!»

Ich glaube, dass diese verzagten Schritte meines Herzens in den mit grauen Schatten behafteten Zeiten Sein Herz tiefer berühren als alle anderen. Diese Zeiten – in denen ich nichts fühle, aber willentlich Seinem Herzen und Seiner Liebe Glauben schenke – gerade sie ergreifen das Herz des allmächtigen Gottes. Es sind Tage, an denen sich jede nur erdenkliche Anklage in meine Gedanken einschleichen will und sich alle Stimmen der Verdammnis gegen mich vereinen. Und genau dann wird Gott von meinem schwachen Herzen überwältigt, *weil* ich willentlich glaube, was momentan völlig absurd erscheint – dass Gott für mich ist und dass mein Gebet, so schwach es auch sein mag, Weisheit in sich trägt. Das sind die Tage, die Ihm teuer sind. Oh, wie sehr sie Sein Herz berühren! Ich glaube, jene Tage berühren Ihn viel mehr als die Tage, an denen ich so viel spüre, wenn alles ganz einfach geht

Diese Zeiten – bei denen ich nichts fühle, aber willentlich Seinem Herzen und Seiner Liebe Glauben schenke – gerade sie ergreifen das Herz des allmächtigen Gottes.

und Hoffnung so fassbar nahe ist. Die unfruchtbaren Tage nennt der Herr wertvoll und sagt: «Selig sind die, die nicht gesehen und doch geglaubt haben» (Joh. 20,29).

Keine unserer Entscheidungen entgeht Ihm; jeden unserer Blicke behält Er in Erinnerung. Und an einem bestimmten Tag in der Zukunft wird Er Sein Buch aufschlagen und uns an jeden einzelnen Tag erinnern. Er wird sagen: «Erinnerst du dich an diese Zeit? Du warst so verzagt, so entmutigt, so verzweifelt. Aber du hast dich bewusst dazu entschieden, Mir erneut zu vertrauen und Meine Liebe zu empfangen. Du hast *Ja* zu Mir gesagt, obwohl du Mich weder spüren noch sehen konntest.»

Ich will Deine Liebe preisen

Das Hohelied Salomos beginnt mit dem Herzensruf der Braut, die zusammen mit ihren Gefährtinnen sagt: «Wir wollen deine Liebe preisen [deiner Liebe gedenken] mehr als Wein» (Hohelied 1,4).[1] Sie gelobt, sich auf der Reise stets Seine Liebe vor Augen zu halten und in der dunkelsten Nacht über Seine Zuneigungen nachzusinnen, die Er ihr in der Vergangenheit gezeigt hat. Das ist ihre Zusage an Ihn, und sie schenkt Ihm damit ein wunderbares und wichtiges Versprechen. Ich glaube aber, dass dies nur der Widerhall eines viel größeren Versprechens ist – das Versprechen des Herrn selbst. Jedesmal, wenn wir wieder zu Ihm kommen und unsere schwachen Gebete vor Ihn bringen, sagt Er zu unseren verzagten Herzen: «Ich will deine Liebe preisen, meine Schwester, meine Braut. Du hast mir gelobt, meine Liebe zu rühmen, aber Ich spreche dir zu, Ich will deiner Liebe in alle Ewigkeit gedenken. Ich werde dir die

[1] Im Englischen lautet diese Bibelstelle: «We will *remember* your love (wir wollen deiner Liebe *gedenken*)». Alle deutschen Bibelübersetzungen wählen hier das Wort *preisen* bzw. *rühmen*. Treffender ist jedoch die Englische Fassung, denn das hebräische Wort an dieser Stelle lautet *zâkar* und bedeutet wörtlich: sich erinnern, gedenken an, aufschreiben, aufzeichnen (vgl. *Strong's Exhaustive Concordance*, #2142).

Bedeutung von all den schwachen Zeiten deines Glaubens offenbaren, die du selbst schon längst vergessen hast. Und Mein Vater, der in das Verborgene sieht, wird dich belohnen (Matth. 6,6). Ich werde allen himmlischen Heerscharen die Gewichtigkeit deiner Gebete verkünden, die du selbst als so schwach angesehen hast. *Ich will deine Liebe preisen.»*

Jede Träne steht in Seinem Verzeichnis. Und eines Tages wird Er jede einzelne von unseren Augen wischen. Das ist der Grund, warum Er sie alle in Seinem Krug sammelt (Ps. 56,8). Sie sind Ihm unendlich kostbar. Wir haben nur *ein* Leben auf Erden, um sie zu vergießen, aber sie werden für immer der kostbare Schatz der Geschichte unserer innigen Beziehung zu Ihm sein. Trotz ihrer vergänglichen Natur sind sie ein ewiges Zeugnis von unserem Leben auf Erden. Jede Träne, die aus Liebe zu Ihm geflossen ist, wird Ihm ein Andenken sein. *«... Der Herr wird die Tränen abwischen von jedem Gesicht, und die Schmach seines Volkes wird er von der ganzen Erde hinwegtun. Denn der Herr hat gesprochen. Und an jenem Tage wird man sagen: Seht, das ist unser Gott, auf ihn haben wir unsere Hoffnung gesetzt, er wird uns retten. Das ist der Herr, auf ihn setzen wir unsere Hoffnung. Wir wollen jubeln und uns freuen in seiner Rettung›» (Jes. 25,8-9).*

Jeder Augenblick, in dem sich unser Herz inmitten einer Not Ihm zugewandt hat, wird lauten Widerhall finden. Der Vater, der das Verborgene sieht, wird dich belohnen (Matth. 6,6). Die göttliche Gemeinschaft besteht darin, dass wir in unserer Zeit auf Erden *Seiner* Liebe gedenken und dass Er danach für alle Ewigkeit *unserer* Liebe gedenkt.

Und ich glaube sogar, dass Er uns einen echten Krug mit all unseren Tränen zeigen wird, die wir vergossen haben. Nicht eine davon wird sich als vergebens erweisen. Nicht eine wird vergessen sein. Er kann sie alle mit Namen nennen und kennt die Geschichte hinter jeder einzelnen von ihnen. Der Reihe nach wird Er uns an alles erinnern, was sich in unseren Herzen abgespielt hat, als unsere Sicht so getrübt war. So werden die Augenblicke des vermeintlich unfruchtbaren Gebets und des unerfüllten Verlangens als edel und erhaben hervorstrahlen.

Die Reise in ihrer Gesamtheit sehen

Zu wissen, dass jede kleine Entscheidung zählt und dass jede einzelne Träne ewige Bedeutung im Herzen des Lammes findet, verändert alles und befähigt uns dazu, uns uneingeschränkt der Reise des Herzens hinzugeben. Wir erkennen dabei langsam, dass sich hinter jedem schwachen Gebet und hinter jedem kleinen Schritt, den wir Ihm entgegengehen, der Schatten der Ewigkeit verbirgt. Darüber hinaus hat jeder Zeitabschnitt unseres geistlichen Lebens einen Ewigkeitswert. Solange wir unser Leben dem Gebet hingeben, werden wir nicht alle unsere Gebete als unfruchtbar erleben. Wir werden aber auch nicht in allen Gebetszeiten die überströmende Gegenwart Gottes und spürbare Nähe zu Ihm erleben. Wir müssen lernen, unabhängig von unseren Erfahrungen jene innige Vertrautheit zu finden, die Er uns gerade an diesem Punkt schenken will. Wir müssen erkennen, wie bedeutend jeder Schritt auf unserem Weg ist. Egal, zu welcher Tages- oder Nachtzeit, und egal, wo wir uns auf der Reise gerade befinden, wir können sicher sein, dass sich hinter jeder Wegstrecke eine Einladung in Seine Gegenwart verbirgt. Er stellt uns immer eine offene Tür bereit, die zu einer tieferen Liebe Ihm gegenüber führt. Wir haben einen Bräutigam-Gott, der auf die Fülle der Gemeinschaft mit uns aus ist. Wenn wir es Ihm nur erlauben, dann eröffnet Er uns die Möglichkeit, uns tiefer und tiefer in Seine Liebe hineinzugeben, bis wir Ihn schließlich von Angesicht zu Angesicht sehen werden. Die Pforte wird nie verschlossen sein, die uns zu einer größeren Liebe führt. Jedes Herz darf auf dieser Reise wissen, – egal, ob wir uns in der Tiefe des Tals, auf der Höhe der Berge oder inmitten von beiden befinden –: vor uns liegt immer eine Tür zu einer innigeren Gemeinschaft mit Ihm.

Die wichtigste Grundlage, um zu verstehen, dass diese innige Nähe in allen Lebensabschnitten zu finden ist, ist der Ausgangspunkt der ganzen Schöpfung – der Mann Jesus Christus, wahrer Gott und wahrer Mensch, der für alle Zeiten unser ewiger Bräutigam ist. Wenn wir das Streben Seines Herzens erkennen, haben wir einen Kompass für unsere eigene Reise. Wenn wir in die Tiefe Seiner Person eintauchen, werden wir an dem teilhaben, was uns erhält und was uns für alle Ewigkeit Erfüllung schenkt. Und wir werden erkennen, dass unsere Reise gerade erst begonnen hat ...

Tränen

Stürme um mich her … mein Herz ist hin und her gerissen. Kleine Dinge türmen sich wie Riesenberge vor meinem schwachen Herzen auf … aber ich richte meine Augen auf Dich. Jesus, sei Du meine Kraft und meine Stärke. Denn Du bist mein Fels und meine Festung. Du bist mein Schutz und meine Zuflucht. Wenn Du für mich bist, wer kann dann gegen mich sein? Es gibt nichts, weder Tod noch Leben, weder Engel noch Mächte, weder Gegenwärtiges noch Zukünftiges, weder Gewalten der Höhe oder Tiefe noch irgendeine andere Kreatur, die mich scheiden kann von der Liebe Gottes, die in Jesus Christus ist, unserem Herrn (Röm. 8,38). Nichts. Denn Du hast gesagt, dass ich Dein bin. Oh, welch beruhigender Gedanke, dass mein Herz Dir gehört. Wenn Gott für mein Herz eifert, wer kann Ihm im Wege stehen?

Jesus … schon bald werde ich diese Tränen vergessen. Dieser Tag wird in meiner Erinnerung wie so viele ähnliche Tage und Nächte verblassen. Mit ihm wird auch der Schmerz in meinem Herzen verblassen. Aber Du wirst ihn nicht vergessen. Du wirst Dich erinnern. Jede Träne hat ihre eigene Geschichte in Deinem Herzen. Du sammelst jede einzelne in Deinem Krug. Du kennst jeden Gedanken und jedes Gefühl, das mit ihnen verbunden ist. Oh, wer ist der, der mich so liebt, dass Er jeder einzelnen Träne von mir gedenkt? Obwohl ich gar nicht weiß, warum ich heute Abend weine, ich schenke Dir jede Träne. Für den Krug, Jesus. Für Dein Buch. Sammle jede einzelne. Zeichne sie alle auf. Und erzähl mir eines Tages wieder ihre Geschichte …

Eifernde Liebe

Kleiner Berg, was bist du?
Kleiner Ozean, wo ist deine Macht?
Wenn die Hand, die das Universum geschaffen hat, mein Herz hält,
welcher Mensch oder welche Kraft kann mich von Ihm reißen?
Der Ozean schwindet vor Seiner Liebe,
und die Macht der Berge kann nicht vor Ihm bestehen.
Der, der mich liebt,
wird mich nicht in die Hand eines anderen geben,
auch wenn sich alle Gewalten der Finsternis gegen Ihn vereinen.
Er hat mich erwählt, Er wird mich halten.
Er wird mich nicht einem anderen überlassen.
Ich fürchtete, dass ich meinen Weg verlieren
könnte, bis ich erkannte,
dass Sein Eifer mich hält. Er hält mich,
und ich bin töricht, zu denken, ein anderer könnte das nehmen,
was Er Sein Eigen nennt.
Wenn das verzehrende Feuer von meinem kleinen Herzen überwältigt ist,
welcher Mensch auf Erden,
welche Macht des Himmels oder der Hölle
kann mich von Ihm trennen?
Kein Berg, den Er nicht überwinden würde,
keine See, die Er nicht überqueren würde.
Töricht war ich zu denken, alles könnte verloren sein.
Denn mein Herz wird nicht durch meine eigene Kraft gehalten.
Mein Herz wird vom Strom Seiner Liebe gehalten.
Ich gehöre meinem Geliebten, und Er ist mein.

Kapitel 2

Er ist ein Bräutigam

«Du hast mich verzaubert, meine Schwester, meine Braut; du hast mein Herz verzaubert mit einem einzigen Blick aus deinen Augen ...»

Hohelied 4,9

Das Herz Gottes ist mit überströmender Freude und brennender Liebe für Sein Volk erfüllt. Sein Herz ist verzaubert. Wir dürfen nicht einfach über diese Zeilen hinweglesen. Gewiss, wir haben viel über Gottes Liebe gehört, aber gerade dieses Wissen und unsere eigene Vorstellung von Seiner Liebe hindert uns oft daran, Ihm in der Tiefe Seines Herzens zu begegnen und von dem Strom Seiner überfließenden Liebe zu trinken. Vertraute Worte können die persönliche Erfahrung nicht ersetzen. Zu sagen, dass Er mich liebt, ist eine geläufige Aussage, aber Seiner Liebe nachzujagen, sie persönlich zu kennen und zu erfahren, ist eher zu einem seltenen Unterfangen geworden. Unsere Vertrautheit mit den Worten verleitet uns dazu, zu denken, dass wir auch den überschwänglich großen Reichtum dieser Liebe schon *kennen,* der jenseits aller Sprache in der ewigen Tiefe von Gottes Herzen verborgen liegt. Wir verwechseln innerlich das Hören von einem Konzept mit der tatsächlichen Realität dieses Geheimnisses. Doch Seine Liebe übersteigt jeden Bereich der verstandesmäßigen Erkenntnis und lässt jegliche Äußerung karg und unzureichend erscheinen.

Aber genau dieser unbekannten Welt der ewigen Freude geben wir uns hin, wenn wir uns auf die Reise zu Seinem verzauberten Herzen begeben.

In Seinem Wort sagt Gott über Seine Liebe, dass sie alle *Erkenntnis übertrifft* (Eph. 3,19). Und Paulus verkündet uns: «Was kein Auge gesehen und kein Ohr gehört hat, was keinem Menschen in den Sinn gekommen ist: das Große, das Gott denen bereitet hat, die Ihn lieben ...» (1. Kor. 2,9). Ein reißender Strom an inniger Zuneigung fliesst durch Sein Herz. Es ist eine heilige, gewaltige Flut Seiner Liebe. Daniel hat einen feurigen Strom gesehen, der von dem Allmächtigen Gott ausgeht, und in Psalm 36 beschreibt David einen herrlichen Strom der Freude und Wonne, einen Brunnen des Lebens, von dem Gott Sein Volk schöpfen lässt. Es ist der Strom des Verlangens im Herzen Gottes selbst und erweist sich als einziger Weg zu dem Ort der Nähe, nach dem wir uns sehnen. Wir können uns Tausende von Predigten anhören und ebenso viele Bücher lesen, doch die Suche nach Ihm wird immer nur in der Tiefe Seines Herzens Erfüllung finden. Wir müssen uns in die Person Jesu Christi versenken. Nicht so, dass wir uns distanziert und gelegentlich in die Tiefe dieser überwältigenden Flut begeben sollen, sondern dass wir mit einer bewussten und zielgerichteten Hingabe in diesen gewaltigen Ozean eintauchen und dort Ihm unbeirrt nachjagen und ein Leben lang von Ihm trinken.

Mit unseren Ohren haben wir von einem Gott der Liebe gehört, und vom Verstand her wissen wir, dass unser Leben seinen Ursprung in dieser Liebe hat, aber sind wir von ihr selbst schon berührt worden?

Für diese Liebe wurden wir geschaffen. Unser ganzes Leben ist Teil dieser umfassenden Geschichte. Wir wurden um der Liebe willen geschaffen, und in der Liebe spiegelt sich unser ewiges Zeugnis wider. Liebe ist unser Sinn und unsere Bestimmung, unser Anfang und Ende. Mit unseren Ohren haben wir von einem Gott der Liebe gehört, und vom Verstand her wissen wir, dass unser Leben seinen Ursprung in dieser Liebe hat, aber sind wir von ihr selbst schon berührt worden? Hat uns das Geheimnis von dem Wesen der Liebe wirklich schon ergriffen, welches die atemberaubende Erzählung einer heiligen Liebesgeschichte zum Sinn und Ziel der gesamten Menschheit gemacht hat? Sind wir vor Freude und Staunen über das unbeirrbar kühne Werben der Liebe überwältigt? Nein, in Wirklichkeit haben wir noch nicht einmal angefangen, ihre Schätze auch nur ansatzweise zu entdecken. Wir reden vielleicht davon, aber wir haben bisher doch kaum einen flüchtigen Blick in die unbeschreibliche Herrlichkeit der Fülle der Liebe geworfen. Auch wenn Liebe unsere ewige Bestimmung ist, haben wir bei weitem noch nicht die geringste Ahnung oder Erkenntnis von ihrem Glanz. Doch das wird die Reise sein, auf die wir uns begeben. Es ist die Reise in die Tiefen der Liebe selbst.

Die Unendliche Geschichte

Um den Anfang der Geschichte unserer Existenz zu verstehen, müssen wir am Ende beginnen. Denn vom Ende der Menschheitsgeschichte her gesehen, enthüllt sich ihr Anfang und ihr gesamter Verlauf. Im letzten Buch der Bibel, der Offenbarung des Johannes, verkünden uns viele Passagen den letztendlichen Sinn und das Ziel aller Schöpfung und Ordnung. So wird in Kapitel 19 beschrieben, dass am Ende unserer Geschichte ein *glanzvoller Hochzeitstag* steht. Sie deutet damit auf den Tag hin, an dem die Braut Christi ihrem himmlischen Bräutigam gegenübersteht und der Bund der Ehe geschlossen wird.

In einem weiteren Schriftabschnitt finden wir die Beschreibung einer großen Schar von Menschen, die vor einem gläsernen Meer, gleich wie Kristall, steht (Offb. 4,6; 7,9). Der Leib Christi, die Heiligen der gesamten Menschheitsgeschichte, wird nun endlich zum ersten Mal vor Ihm stehen. Eine Spannung, die sich über Tausende von Jahren aufgebaut hat, wird den Raum erfüllen. Dann wird ein jeder mit Staunen um sich schauen und zum ersten Mal mit eigenen Augen sehen, wovon ihm die Augen des Glaubens nur einen flüchtigen Einblick geschenkt haben. Unsere Stimmen werden gemeinsam wie eine Stimme vom Thron Gottes her erklingen und ausrufen: *«Lobt unseren Gott, all seine Knechte und die ihn fürchten, klein und groß!»* Gott wird die Tore weit öffnen und den Gläubigen Raum geben, das Lied in ihrem Herzen für Jesus – dem Verlangen aller Völker – erschallen zu lassen! Gemeinsam werden wir dem Einen voller Glanz und Herrlichkeit unsere Liebe und Leidenschaft verkünden.

Dieses erstaunliche Ende der irdischen Geschichte der Menschheit war schon vor Anbeginn der Zeit das Ziel. Von Ewigkeit her, weit vor Grundlegung der Welt, wohnten Gott der Vater, Gott der Sohn und der Heilige Geist in einer unvergleichlichen Einheit und innigen Gemeinschaft zusammen. Die Heiligen Drei waren schon seit jeher in der göttlichen Flut der Liebe vereint, in einem Sturm von Leidenschaft, Freude und unendlicher Zuneigung. Aus dieser pulsierenden Gemeinschaft heraus hat Gott die Menschen und die Natur geschaffen. Obwohl wir immer Geschöpfe bleiben, hat Er uns Menschen jedoch so geschaffen, dass wir in die Beziehung mit dem Dreieinigen Gott eintreten können. In Seinem geheimnisvollen Herzen war seit jeher das tiefe Verlangen, die Menschen in den heiligen Strom Seiner Liebe hineinzunehmen. Er wollte sie an dieser göttlichen Gemeinschaft der Liebe zwischen Vater, Sohn und dem Heiligen Geist teilhaben lassen. Der Vater sehnte sich nach einer Familie, der Sohn nach einer Braut, und aus dem Überströmen dieses brennenden Verlangens ging die Menschheit hervor.

Doch bereits vor Beginn der Schöpfung wurde die Höhe des Preises festgelegt, um damit diese wunderbare Gemeinschaft zu verwirklichen. Für das letztendliche Ziel der ewigen Gemeinschaft zwischen Gott und den Menschen wurde das Lamm bereits vor Grundlegung der Welt geopfert (Offb. 13,8). Um die Menschheit in die Position der innigen Nähe zu Ihm zu erhöhen, wurde Jesus gekreuzigt, und wir waren dabei in Ihm verborgen (Kol. 3,3). Er hat das Kreuz erduldet, weil Er die Freude der ewigen Gemeinschaft mit Seiner Braut vor sich sah – das Ihm vom Vater verheißene ewige Erbe.

Er hatte die Macht, Sein Leben zu lassen, und Er hatte die Macht, es wieder zu nehmen. Er hat sein Leben aus freien Stücken gegeben (Joh. 10,18). Weil Er selbst unsere Strafe auf sich genommen hat, sind wir jetzt mit den Kleidern der Gerechtigkeit Christi bekleidet und durch Seine Gnade freigesprochen. Durch Ihn haben wir ewigen Frieden mit Gott. Denn Er hat uns vor Grundlegung der Welt dazu erwählt, dass wir heilig und untadelig vor Ihm sein sollten und für ewig *in dem Geliebten Sein Eigen* sind (Eph. 1,6).

Als Gott Adam schuf, sprach Er zu ihm: *«Ich will dir ein geeignetes Gegenüber bereiten.»* Der Geist Gottes hat Paulus offenbart, dass diese Verheißung letztendlich auf Jesus und die Gemeinde zutrifft (Eph. 5,32). Als Gott dies zu Adam sagte, deutete Er auf das Geheimnis hin, das seit jeher in Seinem Herzen verborgen war: die Absicht, Seinem Sohn eine geeignete Braut zu bereiten, die Ihm eine passende Gefährtin ist. Er wollte freiwillige Liebhaber für sich gewinnen, die von Jesus völlig überwältigt sind. Er wollte ein Volk, das Ihn mit einem leidenschaftlichen Herzen erwählt, und nicht aus pflichtbewusstem Gehorsam. Alles Handeln des Vaters mit der Menschheitsgeschichte ging von diesem Plan aus. Er hat den Hochzeitstag geplant, mit einem Festmahl ohnegleichen, sodass wir, der Staub der Erde, durch das Blut Jesu gerettet, die irdische Zeitgeschichte dort beenden können, wo wir sie begonnen haben – in den Armen des Sohnes Gottes.

Er wollte freiwillige Liebhaber für sich gewinnen, die von Jesus völlig überwältigt sind …

An diesem letzten Tag *wird* Jesus ein leidenschaftliches Gegenüber haben, Partner, die Ihn freiwillig lieben und völlig von Ihm überwältigt sind. Und die irdische Zeitgeschichte wird ihren Höhepunkt nehmen – und dies mit einer Braut voller leidenschaftlicher Liebe, welche dem Bilde Jesu völlig gleich ist und die mit Ihm das Königreich Gottes regieren wird! «Dann werden die Herrschaft und Macht und die Herrlichkeit aller Reiche unter dem ganzen Himmel dem Volk der Heiligen des Höchsten gegeben ...» (Dan. 7,27). Wie groß ist das Geheimnis dieses verborgenen Plans, den Gott vor Anbeginn der Zeiten entworfen hat!

Das Herz des Bräutigams

«... Wie sich der Bräutigam freut über die Braut, so freut sich dein Gott über dich.»

Jesaja 62,5

Es gibt Einen, der hoch erhoben ist und weit über dem Erdball thront. Die Völker sind Sein Erbe (Ps. 2,8). Eines Tages wird sich jedes Knie vor dem würdigen Mann beugen und jede Zunge Seine Herrschaft bekennen. (Röm. 14,11). Zu dem Mann Jesus gehört aber noch mehr als nur Seine uneingeschränkte Herrschaft und atemberaubende Majestät. Da ist noch mehr als allein Seine Position als König und Seine Souveränität als Herr. Was Ihn ausmacht, ist Sein wunderbares Herz und was darin lebt. Im Herzen des Einen, der völlig Gott und völlig Mensch ist, brennt eine glühende Liebe und ein leidenschaftliches Verlangen nach jedem Einzelnen von uns. Er umwirbt jeden von uns mit einer ganz persönlichen Liebe und kennt uns wie kein anderer. Wir haben Ihn als Retter angenommen, haben verstanden, dass Er unser Bruder ist, und kennen Ihn als unseren Hirten. Er ist König. Er ist Herr. Er ist der Meister. Dass Er jedoch auch unser Ewiger Bräutigam ist, ist uns eher fremd. Diese Offenbarung rückt schnell in ein entferntes Kämmerchen unseres Herzens. Gott will jedoch, dass wir Ihn als Bräutigam kennen: «An jenem Tage, spricht der Herr, wirst du zu mir sagen: mein Mann [Ehemann][2]! Und nicht mehr: mein Meister» (Hosea 2,18). Seit jeher hat Gott der Menschheit gezeigt, wer und wie Er ist. Er hat fortwährend mehr und mehr von sich offenbart und immer

[2] Im hebräischen Grundtext steht hier das Wort «´iysh» und bedeutet auch «Ehemann», was hier zutreffender wäre. (vgl. *Strong's Exhaustive Concordance,* #0376)

neue Facetten Seiner Persönlichkeit und Aspekte Seines Charakters hervorgehoben. Es scheint, als ob Gott durch die verschiedenen Generationen der Zeitgeschichte hindurch sagen wollte: «Und nun werde ich dieses Fenster Meiner Persönlichkeit öffnen und nun diese Tür meines Wesens aufschließen.» Wenn Gott ein Fenster öffnet, um sich dem Leib Christi neu zu offenbaren, dann wird all das, was Er bereits über sich gesprochen und in Seinem Wort offenbart hat, für die Gemeinschaft der Gläubigen in einer größeren Dimension lebendig und erlebbar.

Für den Leib Christi hier auf Erden wird es eine letzte Offenbarung geben, die Gott für uns alle erlebbar schenken wird – es ist die Offenbarung über Ihn als unseren Bräutigam. Zu keinem Zeitpunkt in der gesamten Kirchengeschichte hat der Leib Christi dieser Offenbarung von Gottes Herzen eine zentrale Aufmerksamkeit geschenkt. Aber gerade jetzt und heute weckt der Heilige Geist überall auf Erden und in den Herzen der Gläubigen dieses Verständnis von Jesus als dem Bräutigam. Er lässt die Gläubigen Jesus als den kennen lernen, der ihre Seele liebt. Er hat das Beste bis zuletzt aufgehoben, und wir werden Ihn endlich als Bräutigam und Ehemann anstatt als Meister kennen. Unser Meister wird unser Geliebter.

Jesus ist der Schönste unter den Menschenkindern, Anmut ist ausgegossen über Seine Lippen. Er ist derjenige, der von Seinem Vater mit dem *Öl der Freude* gesalbt ist wie keiner seinesgleichen (Ps. 45,2.7). Der Eine, der der Schönste und der Anmutigste ist, ist auch der *glücklichste Mann* im Himmel und auf Erden. Er jubelt über uns mit Jauchzen und Singen (Zef. 3,17). Sein Herz strömt voller Freude und Begeisterung über. In der Heiligen Schrift spricht Gott oft von Seiner Freude, aber nur einmal führt Er aus, was für eine Art von Freude in Ihm lebt. In Jesaja 62,5 sagt Er: *«Ich freue mich so über dich wie ein Bräutigam sich über seine Braut freut.»*

Eine der letzten Botschaften Jesu an die Menschen vor Seiner Kreuzigung war die Botschaft eines Bräutigams. Er sagte: «Mit dem Himmelreich ist es wie mit einem König, der die Hochzeit seines

Sohnes vorbereitete ...» (Matt. 22,1). Dies war die einzige öffentliche Verkündigung, bei der Er die Bräutigamsoffenbarung ansprach. Es war das einzige Mal in Seinem Dienst auf Erden, dass Er die Braut direkt mit Seinen eigenen Worten zu sich rief. In diesem vielleicht kostbarsten Moment Seines irdischen Dienstes brachte Er Sein tiefes Verlangen nach einer Braut zum Ausdruck. Diese Botschaft war eine Einladung zu einer innigen Beziehung mit Ihm als Bräutigam, was seit jeher das Verlangen Seines Herzens gewesen war. Kurz bevor Er das Kreuz ertrug, stand Er als Bräutigam unter den Menschen und lud sie zur innigen Nähe als Seine Braut ein.

Nur wenige Augenblicke bevor Er durch das finstere Tor Gethsemanes schritt, richtete Er Seine Augen hoch zum Himmel und betete das Hohepriesterliche Gebet zu Seinem Vater. In Johannes 17,24 rief Er: «Vater, ich will, dass alle, die du mir gegeben hast, dort bei mir sind, wo ich bin, damit sie meine Herrlichkeit sehen.» Als das brennende Herz des ewigen Bräutigams sich dem Kreuz und zugleich der größten Qual gegenübersah, die Sein Herz jemals erleben würde, strömten Seine gewaltigen Emotionen über und drückten so Sein tiefes Verlangen Seinem Vater gegenüber aus. Es verlangte Ihn so sehr, dass die, die Er liebt, dort sein sollten, wo Er ist. Er *wollte,* dass sie diese Herrlichkeit sehen und erfahren, welche Ihm der Vater vor Grundlegung der Welt gegeben hat.

Während Seine irdischen Augen fest auf Golgatha gerichtet waren, sahen die Augen Seines Geistes bereits etwas, was weit hinter der Qual des Kreuzes und dem Schweigen des Grabes lag. Er schaute weit durch Raum und Zeit bis ans Ende des Horizonts unserer Menschheitsgeschichte, um dort das herrliche Hochzeitsfest zu erblicken, das Ihn erwarten würde. Diese unbeschreibliche Freude auf diesen Tag gab Seinem Herzen die Kraft, den Kelch des Leides zu trinken.

Derjenige, der der glücklichste Mann im Universum ist, ist zugleich auch das allverzehrende Feuer.

Dieselben Augen, die schon hier auf Erden den wunderbaren Hochzeitstag erblickten, werden in Offenbarung 19,12 als Feuerflammen beschrieben. Im Kern Seines Wesens ist Er eine brennende Flamme der Liebe. In einer Seiner ersten Offenbarungen in der Heiligen Schrift gab Gott sich als verzehrendes Feuer zu erkennen. In 5. Mose 4,24 sagt Er über sich selbst: «Denn der HERR, dein Gott, ist ein verzehrendes Feuer, ein eifernder Gott.» Im Wesentlichen meint Er damit: «Als Erstes sollst du das von Mir wissen: Mein ganzes Wesen besteht aus lodernden Flammen.» Er gab dieses Bild, um Seine Leidenschaft und Seine eifersüchtige Liebe für Sein Volk aufzuzeigen. Feuer war das einzig adäquate und zutreffende Bild, um das eifernde Wesen Seiner Liebe zu beschreiben.

Derjenige, der der glücklichste Mann im Universum ist, ist zugleich auch das allverzehrende Feuer. Seine Freude und Seine Eifersucht sind kein Gegensatz. In Ihm brennt ein ungestümer Eifer, nichts zwischen Ihn und Seine Braut kommen zu lassen. Aus leidenschaftlichem Verlangen zerstört Er mit einer eifernden Zielstrebigkeit alles, was der Liebe im Wege steht. Sein Feuer verzehrt das Herz Seiner Braut mit Liebe. Wenn Er in ihre Augen schaut, dann durchdringt Er mit dem Feuer in Seinen Augen ihr Herz mit übernatürlicher Liebe. Er beschreibt Seine Liebe im Hohenlied Salomos mit der unübertrefflichen Metaphorik: «... Liebe ist stark wie der Tod, Leidenschaft härter als das Totenreich. Ihre Gluten sind Feuergluten und eine Flamme des HERRN, sodass auch viele Wasser die Liebe nicht auslöschen und die Ströme sie nicht ertränken können.» (Hohelied 8,6-7).

Wenn wir dieser unbezwingbaren Liebe begegnen – einer Liebe, die so eifernd ist, dass keine Macht der Welt gegen sie ankommen kann –, dann werden unsere schwachen Herzen von einem gewaltigen Frieden erfasst.

Wenn wir dieser unbezwingbaren Liebe begegnen – einer Liebe, die so eifernd ist, dass keine Macht der Welt gegen sie ankommen kann –, dann werden unsere schwachen Herzen von einem gewaltigen Frieden erfasst. Es ist Seine Leidenschaft, die uns festhält. Es ist Sein Eifer, der uns auf unserem Weg stärkt und uns auf den Höhen schreiten lässt. (Hab. 3,19). Der Vater wird im Eifer für Seinen Sohn eine würdige Braut hervorbringen. Der Sohn wird uns in Seiner innigen Liebe für Seinen Vater als ein heiliges Volk vor Ihn bringen. Der Heilige Geist wird uns in Seiner Hingabe an den Sohn ausrüsten und Seinen Plan in uns vollbringen. Der starke Arm des HERRN selbst sorgt dafür, dass die Macht der Liebe ihr Werk an uns vollbringt. Wir müssen uns vorsehen, dass wir nicht denken, wir brächten etwas aus uns selbst hervor. Wir müssen darauf vertrauen, dass es Gottes Eifer ist, der unsere Gerechtigkeit hervorstrahlen lassen wird wie ein helles Licht und unser Heil wie eine brennende Fackel (Jes. 62,1). Wir brauchen nur *Ja* zu Ihm zu sagen.

Das Herz der Braut

«Schön wie Tirza bist du, meine Freundin, lieblich wie Jerusalem, prächtig wie die Himmelsbilder. Wende deine Augen von mir, denn sie überwältigen mich.»
Hohelied 6,4

Es sind nicht nur *Seine* Augen, die wunderschön sind und mit der Flamme der Liebe brennen. In dieser Passage des Hohenliedes sind es die Augen der *Braut,* die das Herz des Königs überwältigen. Sie hat gerade eine Zeit der Prüfung in der Liebe durchlaufen, als Jesus diese herrliche Aussage über sie macht. Ihre Augen der treuen Hingabe und leidenschaftlichen Liebe überwältigen förmlich das Herz des Allmächtigen Gottes. Der große Eroberer wird von dem Blick der treuen Braut erobert. Die Liebe selbst lässt sich durch die Liebe eines menschlichen Herzens überwältigen.

Was sieht Jesus in unseren Augen, das Ihm solche Freude bereitet? Er sieht Sein Erbe, das Ihm Sein Vater verheißen hat. Er sieht eine Braut, die mit freiwilliger Liebe überfließt, die mit einem sehnsüchtigen Blick durch den dunklen Spiegel von Raum und Zeit schaut und die Welt ihres ewigen Verlangens berührt – Jesus selbst. Er ist überwältigt von unseren Augen des Glaubens, mit denen wir bisher nur wage und begrenzt einen Blick in das Geheimnis der Person

Jesu und Seiner Beziehung zu uns werfen konnten. Gerade dieses Schauen auf Ihn veranlasst den Herrn dazu, eine der gewaltigsten Aussagen der Heiligen Schrift darüber zu machen, wie sehr die Liebe eines schwachen menschlichen Wesens Sein Herz berührt. Er sagt: «Wende deine Augen von Mir! Sie überwältigen Mich!!»

Und im tiefsten Inneren unserer Person wurden wir dazu geschaffen, diesen Blick mit Ihm als Seine ewige Braut auszutauschen. Wir wurden dazu geschaffen, Seine Liebe zu empfangen und sie Ihm mit ganzem Herzen zurückzuschenken. Wir wurden dazu geboren, um in diese feurige Glut des Gebens und Nehmens und in dieses brennende Verlangen der glühenden Liebe einzutreten. Das Erhabene des menschlichen Geistes ist seine gottgegebene Fähigkeit, die Liebe Gottes zu empfangen und zu besitzen und sie dann in einer Flut von heiligem Verlangen an Ihn zurückzuschenken. Sein Herz ist von Liebe beflügelt, und wenn wir Ihm unseren Geist öffnen, dann werden auch wir von Seiner Liebe beflügelt. Er entzündet unsere Herzen mit einem Verlangen, wie es in Seinem eigenen Herzen brennt. Das unterscheidet uns von den Engeln und dem Rest der ganzen Schöpfungsordnung. Wir wurden dazu geschaffen, Ihn mit dieser unnachgiebigen, entschlossenen Hingabe zu lieben und an Seinem mitreißenden Strom der Leidenschaft teilzuhaben. Das ist die gewaltigste Realität des menschlichen Geistes.

Das Erhabene des menschlichen Geistes ist seine Gott gegebene Fähigkeit, die Liebe Gottes zu empfangen und zu besitzen, und sie dann in einer Flut von heiligem Verlangen an Ihn zurückzuschenken.

Während wir noch am Anfang dieser Flut von göttlicher Liebe und heiligem Verlangen stehen, wird aus unseren eigenen Herzen eine uns übernatürlich verliehene Liebe für Ihn fließen. Wir werden ausrufen: «Deine Liebe ist lieblicher als Wein, oh Herr! (Hohelied 1,2). Deine Liebe ist köstlicher als die besten Schätze der Erde! Deine Liebe ist die größte Wonne und die tiefste Freude.» Wenn wir durch das Tal der Finsternis gehen, in dem notvolle Umstände Ihn vor unseren Augen verschleiern und der

Feind uns mit allen möglichen Anklagen gegen Ihn umringt, dann werden wir von ganzem Herzen ausrufen: «Mein Geliebter ist der Schönste unter den Menschenkindern. Er ist der Anmutigste von allen! Ich weiß, was in Seinem Herzen lebt. Es ist ein Strom von überfließender Freude. Mein Geliebter ist herrlich und schön! Der Höchste unter vielen Tausenden! Seine Führung ist vollkommen! All seine Wege sind wahrhaftig und gut!» (Ps. 45; Hohelied 5,10).

Die Verborgene Herrlichkeit unseres Lebens

«Ihr seid mit Christus auferweckt, darum strebt nach dem, was im Himmel ist, wo Christus zur Rechten Gottes sitzt. Richtet euren Sinn auf das Himmlische und nicht auf das Irdische! Denn ihr seid gestorben und euer Leben ist mit Christus verborgen in Gott. Wenn Christus, unser Leben, offenbar wird, dann werdet auch ihr mit ihm offenbar werden in Herrlichkeit.»

Kolosserbrief 3,1-4

Unsere wunderbare Berufung und unergründliche Zukunft als die triumphierende Braut des Lammes ist unseren Augen noch immer beinahe völlig verschlossen. Gott hat Gefallen daran, die kostbarsten Schätze zu verbergen, und deshalb hat Er auch den herrlichen Glanz unseres Lebens und die Weisheit unserer Entscheidung für die Gerechtigkeit vor uns verschleiert, solange wir in diesem natürlichen irdischen Leben wandeln. Die kraftvolle Auswirkung unseres eigenen Lebens ist uns nahezu verborgen. Mit unserem natürlichen Verstand können wir nur sehr begrenzt erfassen, wer wir wirklich vor Ihm sind. Aber wenn wir Ihn dann an jenem Tage sehen, wird Er uns die Wahrheit über unser natürliches Leben auf Erden zeigen, und wir werden die Fülle unseres herrlichen Glanzes sehen. Wir werden von der Bedeutung dessen verblüfft sein, was in unseren Augen so unbedeutend auf Erden erschien.

Auch wenn uns dieser sehr reale Bereich unseres Lebens verborgen ist und wir in diesem Zeitalter auf Erden nur einen dunklen

Schatten davon erblicken können, will Gott doch, dass wir nach den himmlischen Realitäten trachten und unseren Sinn auf das Himmlische richten. «Gottes Ehre ist es, eine Sache zu verhüllen, aber der Könige Ehre ist es, eine Sache zu erforschen» (Spr. 25,2). Jesus lädt uns dazu ein, mit Ihm auf eine Reise zu gehen, auf der wir die Wahrheit über unser Leben entdecken – eine Wahrheit, die die Engel in schieres Staunen versetzt. Er fordert uns dazu auf, uns darauf einzulassen, ein wachsendes Verständnis von der Wahrheit über unsere ewige Herrlichkeit zu entwickeln. Mit der Realität, dass Jesus zur Rechten des Vaters sitzt und dass wir neben Ihm im Himmel sitzen (Eph. 2,6), sind unglaubliche Wahrheiten verbunden. Er wird uns diese Wahrheiten offenbaren und sie vor uns ausbreiten, wenn wir sie suchen. Wenn wir nach ihnen suchen wie nach kostbaren Schätzen, dann wird Er uns zu Seiner Zeit auch zu ihnen führen (Spr. 2,1-5).

Für unseren täglichen Wandel auf Erden wurde uns jedoch ein unglaublich hohes Privileg geschenkt – eine Einladung, die so erhaben und grandios ist, dass wir für alle Ewigkeit die unglaubliche Größe von Gottes Weisheit bestaunen werden, uns ein solches Geschenk anzuvertrauen. Er hat uns die Möglichkeit gegeben, Ihn freiwillig zu lieben, solange unsere Augen noch mit dem Schleier von Raum und Zeit bedeckt sind. Es ist eine Gelegenheit, sich an jedem Tag mit den Augen des Glaubens und der Offenbarung auf den herrlichen Tag auszurichten, der so real vor uns liegt – den Tag des Hochzeitsmahls des Lammes. Er hat einen Weg für uns bereitet, auf dem wir Ihm jeden Tag ein Herz schenken können, das sich aus freien Stücken dazu entscheidet, in die verborgene unsichtbare Welt zu säen – in der festen Gewissheit, dass eine unmittelbare Frucht im Saatbeet der Ewigkeit aufgehen wird. Uns wurde das Privileg erteilt, Ihn freiwillig und mit einem Herzen des Glaubens zu erwählen und in der festen Überzeugung zu leben, dass dieses verborgene Geheimnis unseres Lebens noch offenbar werden wird.

In alle Ewigkeit werden wir den Lohn für diese Entscheidungen empfangen. Ihr Wert wird offenbar und ihre Weisheit gerechtfertigt werden (Matt. 11,19). Für alle Ewigkeit werden wir mit Ihm vereint sein. Mit unverschleierten Augen werden wir Ihn von Angesicht zu Angesicht sehen. Wir werden immer wieder neu von der unbeschreiblichen Grenzenlosigkeit Seiner Pracht überwältigt sein und Ihm unsere Kronen zu Füßen werfen. Wir werden voller Staunen über unseren Glanz und unsere Herrlichkeit vor Ihm sein. In alle Ewigkeit werden wir das sehen, was unseren Augen auf Erden verborgen war. Aber nur in diesem kurzen Augenblick auf Erden, diesem Moment unseres natürlichen Lebens, haben wir die Gelegenheit dazu, den Einen zu lieben, den wir nie gesehen haben. «Selig sind die, die nicht gesehen und doch geglaubt haben» (Joh. 20,29). Für einen kurzen Moment haben wir die Fähigkeit, Ihn aus freien Stücken zu erwählen, auch wenn es in den Augen der Welt völlig töricht erscheint. Wir haben die Möglichkeit, Ihn mit unserer Liebe zu überwältigen, auch wenn Er uns fast völlig verborgen ist. Uns wurde die Gelegenheit geschenkt, als Braut des Lammes zu leben, auch wenn wir dies nur schwach erkennen. Für immer werden diese Entscheidungen mit dem Klang ihrer Kostbarkeit und Gewichtigkeit durch die Räume der Ewigkeit hallen.

Er hat uns die Möglichkeit gegeben, Ihn freiwillig zu lieben, solange unsere Augen noch mit dem Schleier von Raum und Zeit bedeckt sind.

Wir leben jetzt unentwegt mit Blick auf diesen real vor uns liegenden Tag – das große Hochzeitsfest! An jenem Tag werden wir gemeinsam in Einheit und voller Pracht und Herrlichkeit vor Ihm stehen. Wir werden verkünden, wie unübertrefflich und vollkommen die Wege des Herrn in unserem Leben und in der gesamten Menschheitsgeschichte waren. Unsere Augen werden mit unglaublicher Klarheit das Meisterwerk von Gottes großem Gemälde der Zeiten sehen. Wir werden Seine wunderbare und ausgezeichnete Führung sehen, in der uns alles zum Besten gedient hat. Wir werden sehen, wie jeder einzelne Aspekt unseres Lebens, jeder einzelne Tag, jede Situation und jeder äußere Umstand so eingefädelt war, dass eine geeignete Braut für den Sohn Gottes zum Vorschein gebracht werden konnte.

Wenn wir diese majestätische Inszenierung aller Zeiten erblicken, dann werden die Seufzer unseres irdischen Lebens in den gewaltigen Klang der Anbetung verwandelt. Wenn dieses irdische Zeitalter seinen Höhepunkt in diesem triumphalen Hochzeitsmahl des Lammes nimmt – dem großartigsten Ereignis der gesamten Menschheitsgeschichte –, dann werden wir mit einer Stimme, die wie ein mächtiger Wasserfall und ein gewaltiger Donner erklingt, verkünden: «Halleluja! Denn der Herr, der Allmächtige, regiert! Laßt uns freuen und fröhlich sein und Ihm die Ehre geben, denn die Hochzeit des Lammes ist gekommen, und Seine Braut hat sich bereit gemacht.»

Es ist wirklich wahr: das Bestreben der Liebe ist, uns zu diesem real existierenden Tag in unserer Zukunft zu begleiten. Darauf steuern wir zu. Und vor uns liegt die Reise, die unsere unendliche Liebesgeschichte mit Ihm Schritt für Schritt entfaltet. Eine Geschichte, die bis in alle Ewigkeit erzählt werden wird. Und der Anfang dieser Reise ist das Erwachen ...

Gebet aus der Wüste

Oh Jesus, mein Jesus,
wahrhaftiger Freund meines Herzens,
der meine Seele in der Tiefe liebt.
Mein Herz ist verletzt. Meine Seele voller Schmerz.
Alles, was ich jemals war,
all meine «Schönheiten» zerfallen,
sie fallen zu Boden.
All das Gute, die Rechtschaffenheit,
der gute Wille, die «richtigen» Motive,
sie zerfallen, Schicht für Schicht …
und lassen einen Menschen zurück, den ich nicht kenne
oder nicht wiedererkenne …
Der meine Seele liebt, entblößt mich.
Verborgenes wird aufgedeckt,
alle äußeren Schönheiten genommen,
und ich muss erkennen: Ich bin nicht das, was ich von mir dachte …
Ich weiß, es ist Deine Hand, die mich entblößt.
Auch wenn es unendlich schmerzt,
ich erkenne es als eine Liebe –
so tief, wie sie mein Herz noch nie gekannt hat,
die alles beseitigt, was nicht bestehen kann.
Damit Er mich mit wahrer Anmut schmücken
und mich mit Seinen Kleidern bekleiden kann.
Wahrhaftig, ich bin nicht das, was ich selbst von mir dachte.
Sie fragen mich: «Wer ist dann die, die kommt?»
Ich richte meinen Blick auf Dich und sage:
«Sie ist nichts außer das, was Er allein ins Sein ruft.
Seine Worte allein
formen den Kern ihres Wesens.
Sie ist Sein.
Schaut mich nicht an, denn ich bin schwarz.
Bitte seht Ihn. Er ist anmutig. Er ist rein.»

Kapitel 3

Das Erwachen der Liebe

«Ich beschwöre euch, ihr Töchter Jerusalems, bei den Gazellen oder den Hirschen auf dem Felde, weckt die Liebe nicht auf und stört sie nicht, bis es ihr selbst gefällt.»

Hohelied 2,7

Bevor wir uns mit ganzem Herzen an unseren würdigen Herrn hingeben können, müssen wir von der Liebe geweckt werden. Unsere Herzen schlummern und unsere Einsicht ist getrübt. Wir haben noch nicht erkannt, dass unser Gott wahrhaftig ein Gott der Liebe ist, dass Seine Liebe dazu da ist, von uns allen gekannt und erfahren zu werden, und dass wir von Herzen Seine Liebe genießen sollen. Wir müssen erweckt werden. Unser geistliches Leben kennt viel Unfruchtbarkeit und Dürre, und nur Liebe wird unserem Mangel an Inspiration und Begeisterung Abhilfe schaffen. Denn nur wenn wir erwacht sind, werden wir erkennen, wer Er ist und welchen Reichtum Er für unsere ausgehungerten Herzen in Seinen Händen hält.

Ja, die Reise beginnt am Ort des Erwachens. Hier werden wir aus dem Schlummern zum Wachsein erweckt. Auch wenn dieses Erwachen am Anfang steht, so werden wir ihm immer wieder auf unserer Reise begegnen, denn unsere Herzen brauchen es immer und immer wieder. Es ist wichtig für uns, dass der Herr unsere Herzen stets neu erweckt. Nur wenn das geschieht, wird die wahre

Unfruchtbarkeit unserer vermeintlich *zufriedenen* Herzen aufgedeckt und durch göttliche Unzufriedenheit ersetzt. Das ist genau der Ort, an dem Er uns haben will. Ohne diese Unzufriedenheit werden wir zu keiner wahren Zufriedenheit gelangen. Wenn wir nicht aus unserem geistlichen Schlummer erwachen, werden wir niemals den Pfad zur Fülle der Liebe beschreiten. Er erweckt uns, damit wir nach dem Brot des Lebens hungern und nach dem Lebendigen Wasser dürsten.

Gott erweckt das Herz eines Gläubigen, indem Er ihm ein schier unerträgliches Verlangen nach Liebe schenkt, das in der Tiefe des Herzens aufsteigt. Dieses Verlangen bringt die Schulamiterin im Hohenlied folgendermaßen zum Ausdruck: «Er küsse mich mit den Küssen seines Mundes ...» (Hohelied 1,2). Wir erleben dieses brennende Verlangen nach mehr von Jesus. Er bringt uns in unserem gegenwärtigen geistlichen Zustand an den Ort der tiefen Unzufriedenheit. Wie wenn ein Licht in unserem Inneren aufgehen würde, erkennen wir plötzlich all den Mangel und unsere Bedürftigkeit vor Gott. Das kann sich auf sehr subtile Weise vollziehen, oder auch sehr intensiv sein. Für den einen ist es ein langsam wachsendes Verlangen, das mit der Zeit immer stärker wird. Für den anderen ist es ein plötzlicher Moment der Erkenntnis, der ihn überraschend trifft. Auf einmal sind wir uns des gegenwärtigen Zustandes unserer Seele bewusst, und was uns gestern noch genügte, ist heute völlig unzureichend. Wie auch immer sich dieses Verlangen äußert, wenn Gott unsere Herzen wachrüttelt, dann ist dies jedes Mal strategisch und umwälzend für unser ganzes Leben. Wir machen nicht mehr so weiter wie bisher, wir müssen einfach mehr von Ihm haben – von dem, der unsere Seelen liebt. Wir können es vielleicht selbst noch gar nicht in Worte fassen, aber das immer stärker werdende Verlangen sehnt sich nach dem Kuss,

Es ist wichtig für uns, dass der Herr unsere Herzen stets neu erweckt. Nur wenn das geschieht, wird die wahre Unfruchtbarkeit unserer vermeintlich zufriedenen Herzen aufgedeckt und durch göttliche Unzufriedenheit ersetzt.

der Berührung des Wortes Gottes in unseren Herzen. Wir sehnen uns nach der Begegnung mit dem Lebendigen, und diese Begegnung findet statt, wenn sich das Wort Gottes und der Geist Gottes in unserem Innern vereinen. Wir richten uns auf das Wort Gottes, und wenn dieses Wort den innewohnenden Geist berührt, dann wird eine lebendige Flamme der Liebe entzündet. Geist und Wahrheit vereinen sich, und wahre Anbeter gehen daraus hervor (Joh. 4,23-24).

Wenn wir uns nach diesem Kuss und nach dieser göttlichen Flamme sehnen, dann verlangen wir nach dem, wozu wir erschaffen wurden: nach der innigen Beziehung mit Jesus. Wir wollen wahre Anbeter sein, wie sie der Vater sucht. Wir wollen zu denen gehören, deren Anbetung aus dem geistlichen Kuss, der Vereinigung des Wortes und des Geistes in unserem inneren Menschen hervorgeht. Wir rufen: «Oh Vater! Lass Deinen Sohn, das Lebendige Wort, mein schwaches Herz küssen und zur Liebe erwecken!» Wir erkennen unseren Mangel und rufen zu Gott, dass Er ihn ausfüllen möge. Wir rufen zu dem, der Liebe erwachen und überströmen lässt, dass Er doch kommen möge und diese Fülle in unseren Herzen hervorbringt. Wir bitten das Lebendige Wort, sich mit dem Heiligen Geist in unserem inneren Menschen zu vereinen und ein brennendes Feuer in uns zu sein.

Gott der Erwecker

«Unter dem Apfelbaum habe ich dich geweckt ...» *Hohelied 8,5*

Wenn in uns die Sehnsucht nach diesem Erwachen aufsteigt, so antworten wir damit auf Seine Einladung, die Er selbst in unsere Herzen gegeben hat. Wenn unsere Herzen dazu bewegt werden, nach einer Begegnung mit Ihm zu rufen, dann geschieht das deshalb, weil Seine Einladung in unseren Seelen zu wirken beginnt. Dieses Verlangen, Ihm nahe zu sein, hat seinen Ursprung nicht in uns selbst.

Vielmehr reagieren wir damit auf die ewige Berufung Gottes für unser Leben. Er ruft uns dazu auf, in unser ewiges Erbe einzutreten – die Erkenntnis Gottes.

Wenn wir Ihn bitten, unsere Herzen in Liebe zu erwecken, dann treten wir in Einklang mit Seiner eigenen Einladung. Wir richten unsere Herzen auf Seine Liebe und bitten Ihn, das in uns zu vollbringen, was Er sich schon vor Erschaffung der Welt vorgenommen hat.

Wir brauchen Gott, um Gott zu lieben. Es bedarf des Wirkens der Kraft Gottes am menschlichen Herzen, um es zur Liebe zu Ihm zu bewegen. Er ist derjenige, der Liebe in unseren Herzen erweckt. Wenn wir die Reise des menschlichen Herzens skizzieren wollen, müssen wir bei Ihm beginnen, denn Er ist immer der Anfang und das Ende. Es fängt niemals mit uns an. Er allein ist verantwortlich dafür, dass die Liebe erwacht. Er ist der König, der uns in Seine Gemächer der göttlichen Liebe führt (Hohelied 1,4). Er hat dies getan, tut dies und wird es auch weiterhin tun, um uns an den Ort zu bringen, an dem wir Seine Liebe empfangen können. Wenn wir Liebe, Hunger und Verlangen in unseren Herzen entdecken, dann können wir gewiss sein, dass Gott unsere Herzen schon mit einem Erwachen berührt hat. Wenn dieser Ruf nach mehr, nach größerer Liebe in uns aufsteigt, dann war die heilige Einladung Gottes bereits in unseren Seelen wirksam und hat uns schon in die Gemächer Seiner Liebe gebracht.

Wenn unsere Herzen dazu bewegt werden, nach einer Begegnung mit Ihm zu rufen, dann geschieht das deshalb, weil Seine Einladung in unseren Seelen zu wirken beginnt.

Er allein kennt den richtigen Zeitpunkt und die beste Art und Weise, um unsere Herzen zu erwecken. Wir werden dieser göttlichen Strategie des Erwecktwerdens noch mehrmals während unserer Reise begegnen, so wie es auch im Hohenlied beschrieben ist. Dreimal während des Liedes weist Er die Töchter an, das Herz Seiner Braut nicht zu wecken, bis es der Liebe selbst gefällt

(2,7; 3,5; 8,4). Wenn wir Ihm folgen, wird es verschiedene Phasen geben, in denen der Heilige Geist Liebe in uns erweckt. Er wird dabei eine immer tiefere Liebe in uns hervorbringen und uns an wichtigen Punkten unserer Reise wieder neu erwecken. Am Anfang weckt Er uns auf zur Reise der Liebe, damit unsere Herzen mit dem Verlangen entfacht werden, Ihn inniger und näher kennen zu wollen. Auf unserem Weg offenbart Er uns viele verschiedene Gesichter dieses Gott-Menschen Jesus, dem wir uns hingegeben haben.

Der Schmerz, den der Hunger und das Verlangen in uns verursachen, hindert uns oft daran, die entscheidende Kraft wahrzunehmen, die in diesem Geschenk des Erwecktwerdens steckt. Wir merken zwar, dass wir uns nach Seiner Nähe sehnen, und wünschen uns, dass Er sich uns in einer größeren Weise offenbart, denn in uns brennt das sehnsüchtige Verlangen, Ihn zu finden. Aber wir verstehen dann nicht, warum Er sich scheinbar nicht finden lässt!

Bei all dem dürfen wir nicht übersehen, dass Er der Initiator dieses Prozesses war und ist, und dass Er uns schon allein mit diesem Hunger unserer Seelen etwas ganz Großes anvertraut hat. Mit diesem inneren Verlangen nach mehr von Ihm hat Er uns eine wertvolle Gabe geschenkt. Der Erwecker, Jesus selbst, hat uns die Gabe eines erweckten Herzens geschenkt.

Zur höchsten Freude erweckt

«… denn deine Liebe ist köstlicher als Wein.» *Hohelied 1,2*

Die Liebe Jesu ist die höchste Freude des menschlichen Herzens. Wir könnten den ganzen Himmel und die Erde durchforsten und würden immer nur die Bestätigung dafür finden, dass dies die Wahrheit ist. Unter all den wunderbaren Freuden des irdischen und zukünftigen Lebens ist nur eine das größte Glück: die Gemeinschaft der Liebe mit der Person Jesus Christus. Es gibt keinen größeren Lohn. Seine Liebe ist das höchste, das größte und köstlichste Gut.

In diesem ersten Abschnitt des Hohenliedes sehnt sich die Braut nach der Berührung, dem «Kuss» von Gottes Wort, denn sie kennt das unausweichliche Ergebnis dieser Erfahrung: ihr Herz wird in der höchsten Freude, die Gott allein schenken kann, Erfüllung finden. Sie ruft aus: «Er küsse mich… denn deine Liebe ist köstlicher als Wein.» Das höchste Glück Seiner köstlichen Liebe wird allen anderen Freuden vorangestellt. Seine Liebe ist köstlicher als Wein, besser als alle untergeordneten Freuden. Seine Liebe und die Erfahrung des Austauschs dieser Liebe zwischen unserem und Seinem Herzen ist das Höchste unseres irdischen Lohnes. Wenn wir in die Erfahrung dieser höchsten Freude eintreten, dann ist jeder Drang nach geringeren Freuden in uns überwunden.

Dieser Ruf nach dem Kuss Gottes ist mehr als nur das Eingestehen unserer eigenen Bedürftigkeit und unseres Verlangens. Es ist die *Vision* und *Aussicht* auf das, was Jesus all jenen geben will, die bereit sind zu empfangen. Wir erwachen nicht nur zur Erkenntnis unseres eigenen Mangels. Unsere Augen werden für die hohe Vision dessen geöffnet, was der Herr uns schenken will. Nur wenn wir danach suchen, werden wir es in Ihm finden. Dann erkennen wir nicht nur die Unfruchtbarkeit und Leere in unseren Herzen, wir sehen auch die unvorstellbar gewaltige Fülle, die Er in Seinen Händen für uns bereithält – «Was kein Auge gesehen und kein Ohr gehört hat, was keinem Menschen in den Sinn gekommen ist: das Große, das Gott denen bereitet hat, die ihn lieben» (1. Kor. 2,9). Sobald Gott uns nur einen kleinen Einblick gewährt in das, was diejenigen finden werden, die Ihn suchen, fangen wir an, unser Erbe in Gott selbst zu sehen. Und wenn wir uns von dieser Vision unseres Erbes hinreißen lassen, dann ist das nichts anderes als unsere Reaktion auf Seine göttliche Einladung. Er fordert uns auf, Er lockt uns und lädt uns dazu ein, Ihm nachzujagen und das zu ergreifen, was Er uns geben will.

Sobald Gott uns nur einen kleinen Einblick gewährt in das, was diejenigen finden werden, die Ihn suchen, fangen wir an, unser Erbe in Gott selbst zu sehen.

Auf das Erwachen reagieren

«Höre, Tochter, sieh her und neige dein Ohr, vergiss dein Volk und dein Vaterhaus! Der König verlangt nach deiner Schönheit ...» *Psalm 45,11*

Gott ist nicht bereit, einer gleichgültigen, desinteressierten Seele die Geheimnisse Seines Herzens zu offenbaren. Er will, dass wir Ihn suchen wie einen verborgenen Schatz und dabei keinen Ort auslassen. Wie eine Tochter ermuntert Er uns in diesem Psalm, auf Ihn zu schauen, Ihm unser Ohr zuzuneigen, unsere Herzen auf Ihn als Ehemann zu richten, unser Vaterhaus zu verlassen und mit Ihm völlig eins zu werden. Er lockt und gewinnt uns für diese ganzheitliche Hingabe an Ihn, indem Er uns offenbart, wie sehr Er sich über uns und an uns freut.

Der König sehnt sich nach unserer Schönheit. Das ist das Fundament für unsere Motivation, Ihm in Liebe nachzujagen. Seine Einladung und Sein Erwecken ruft in uns das Verlangen hervor, diese heilige Nachfolge anzutreten. In uns entsteht ein brennender Eifer – dass in unserem Herzen alle Hindernisse ausgeräumt werden sollen, die der Begegnung mit der Fülle der Liebe entgegenstehen. Mit diesem heiligen Bestreben antworten wir auf Seine Einladung, alles uns Vertraute hinter uns zu lassen. Wir verlassen unser Vaterhaus, weil uns die Liebe dazu bewegt. Das Vaterhaus repräsentiert alle natürlichen Regeln, die unser bisheriges Leben definiert haben, egal, ob sie nun positiv oder negativ sind. Es ist an der Zeit, dass wir unsere Bedeutung und Identität allein an einer Stimme festmachen. Und das ist die Stimme unseres Bräutigams, die uns auf unserer Reise beflügelt. Wir haben mit ihr einen süßeren Klang vernommen.

Ein erwachtes Herz kann nicht in seiner ursprünglichen Gesinnung verharren, als hätte es nichts vernommen. Es muss alles aufgeben, um die Antwort auf sein brennendes Verlangen zu finden. So wie Rebekka alles hinter sich ließ und sich auf die Reise zu Isaak begab (1. Mose 24), so wagen auch wir uns auf die Reise durch die

Wüste – wie die Braut, die ihren Geliebten sucht. Wir wissen nicht, was vor uns liegt, aber wir sind erwacht zur Liebe für den Mann Jesus, und Sein Verlangen nach uns hat uns zu diesem Streben angeregt. Mit erwartungsvollen Herzen begeben wir uns auf die Reise, die vor uns liegt. Wir wissen, dass uns am Ende der Reise ein Hochzeitsfest erwartet – eine Hochzeit, die jegliche Vorstellungskraft übersteigt.

Sein Königreich ist so beschaffen, dass man es nur in partnerschaftlicher Gemeinschaft mit Ihm empfangen kann. Der Reichtum und die Fülle Seines Herzens sind da, um entdeckt zu werden – aber nur von denen, die sie suchen und finden wollen: «Ihr werdet mich suchen und finden; denn wenn ihr mich von ganzem Herzen sucht, werde ich mich von euch finden lassen, spricht der HERR...» (Jer. 29,13-14). Die göttliche Leidenschaft verbietet es, dass es anders sein könnte. Wenn Er alles von sich selbst allen Menschen preisgeben würde, ohne dass sie Ihn suchen oder nach Ihm trachten, dann wäre es eine einseitige Beziehung. Wir würden alle Vorteile Seiner Liebe erleben, aber niemals die Freude des Suchens und des Findens, des Klopfens und der offenen Türen kennenlernen. Er würde uns keinen Gefallen damit tun, Seine kostbaren Schätze nicht vor uns zu verbergen. Er selbst will gar nicht von den unbeteiligten und flüchtigen Blicken gefunden werden, sondern von denen, die beharrlich und unbeirrt nach Ihm suchen!

Der Reichtum der Erkenntnis Gottes ist denen vorbehalten, die Ihn leidenschaftlich lieben. Nur die hungrigen und verlangenden Herzen werden Ihn finden.

Salomo beschreibt dieses Suchen in Sprüche zwei folgendermaßen:

> «Mein Sohn, wenn du meine Reden annimmst und meine Gebote bei dir verwahrst, der Weisheit dein Ohr leihst und dein Herz der Einsicht zuneigst, ja, wenn du nach Erkenntnis rufst und mit lauter Stimme um Einsicht bittest, wenn du sie suchst wie Silber und wie Schätzen ihr nachspürst, dann wirst du verstehen die Furcht des HERRN und die Erkenntnis Gottes gewinnen» (Spr. 2,1-5)

Die Erkenntnis Gottes, die Einsicht in Sein Herz, wird durch unermüdliches Suchen gewonnen. Es ist ein Streben, das so unnachgiebig und beharrlich ist, dass es dem Jagen nach Schätzen gleichgestellt wird. Gott gibt sich denen zu erkennen, die Ihn suchen. Die Offenbarung, dass Er selbst der kostbare Schatz ist, macht uns überhaupt erst fähig für die Suche. Er offenbart denjenigen Sein Herz, die Ihm nachjagen. Und alle, die Ihm nachjagen, sind es, die Ihn lieben. Sie sehen den Reichtum, wo andere ihn nicht sehen. Liebende finden immer das, wonach die anderen ihre Suche aufgegeben haben. Diejenigen, die Ihm mit leidenschaftlicher Hingabe nachjagen, werden auf ihrer Suche den wahren Schatz finden – die Erkenntnis Gottes.

Gott gibt sich denen zu erkennen, die Ihn suchen. Die Offenbarung, dass Er selbst der kostbare Schatz ist, macht uns überhaupt erst fähig für die Suche.

Das Erwachen in der Wüste

«… der Freund des Bräutigams aber, der dabeisteht und ihn hört, freut sich über die Stimme des Bräutigams. Diese Freude ist nun erfüllt.»

Johannes 3,29

Der Herr führt das erwachte Herz direkt in die Wüste. Wir neigen jedoch dazu, falsche Schlüsse daraus zu ziehen. Wir müssen uns vor Augen halten, dass Seine Führung nicht von Zorn bestimmt ist. Wir haben falsche Gedanken über Ihn und über die Bedeutung dieser «Wüstenzeit.» Er bringt uns nicht in die Wüste, um uns in Seiner Missbilligung zu züchtigen oder zu strafen. Vielmehr ist Er ein Gott, dessen Herz mit zärtlicher Liebe erfüllt ist und der möchte, dass wir die ganze Fülle Seiner Liebe erfahren – und nicht nur einen Teil davon.

Genauso wie Er Johannes den Täufer als Vorläufer Jesu in die Wüste geführt hat, so möchte Er auch uns in die Wüstenregionen leiten, damit wir dort die Stimme des Bräutigams hören und die Erfüllung unserer Freude finden. Es ist Sein Eifer für uns, der uns für eine gewisse Zeit beiseite nimmt, damit Er uns ganz für sich gewinnen kann. Es ist die leidenschaftliche Liebe in Seinem Herzen, die uns in die Wüste lockt (Hos. 2,14).

Diejenigen, die Ihm mit leidenschaftlicher Hingabe nachjagen, werden auf ihrer Suche den wahren Schatz finden – die Erkenntnis Gottes.

Die Wüste ist der Ort, wo der Gott der Liebe der unfruchtbaren Seele des Menschen begegnet. Äußerlich lassen wir all den Lärm und all das Wirrwarr unserer vielen Aktivitäten hinter uns, die ständig unsere Aufmerksamkeit in Beschlag nehmen. Wir ziehen uns allein in das Verborgene mit unserem Gott zurück und trachten danach, die Stimme des Bräutigams zu hören, damit Er uns ganz für sich gewinnen kann. Die Wüste ist der Ort, wo alle niederen Liebschaften offenbar werden und wo wir von falschen Zuneigungen und anderen Götzen überführt werden. Er bringt uns an diesen Ort der Begegnung, damit wir Seine Stimme, die Stimme des Bräutigams, unter all den anderen Stimmen hören und erkennen lernen. An diesem Ort wird Jesus zu unserer einzigen Liebe und zu dem einzigen Herrn in unserem Leben.

Oh, wie wichtig ist am Anfang das Ausblenden all dieser anderen Stimmen, die unsere Seele umgeben! Denn erst dann, wenn diese Stimmen zum Schweigen gebracht sind, wird das Getöse in unserem Inneren offenbar. Wenn wir uns von dem Wirbel unserer Aktivitäten zurückziehen, dann finden wir nicht etwa zu einer inneren Ruhe, sondern wir finden zunächst einen noch viel größeren Sturm in uns vor, der von Gott gestillt werden muss. Wir denken, äußerlicher Friede sei alles, was wir brauchen, um zur Ruhe zu kommen. Doch sobald wir es schaffen, diesen Aktivitäten zu entfliehen und es um uns herum still wird, erst dann nehmen wir diese innere Unruhe richtig wahr und sie erscheint uns noch viel schlimmer als zuvor.

Unsere Seelen kennen den Ort der Stille und der innigen Nähe zu Gott noch nicht. Wir haben unser Leben von vielen Stimmen und Meinungen anderer Menschen bestimmen lassen, sodass ein ständiger Geräuschpegel in uns herrscht und uns innerlich durcheinander bringt.

Wenn wir in einer solchen Phase der Abgeschiedenheit stecken und die Begegnung mit Gott suchen, finden wir zunächst nicht Ruhe und Frieden, sondern erst einmal Verwirrung und Schmerz in uns vor. Der Grund für diese Orientierungslosigkeit liegt darin, dass wir unsere Identität und Sicherheit an so vielen falschen Dingen festgemacht haben. Wenn wir nun diese scheinbaren Sicherheiten hinter uns lassen und daraufhin dieser einen wahren Sicherheit in Person gegenüberstehen, dann wissen wir gar nicht, wie wir Seine Liebe und Zuneigung überhaupt empfangen können. Wir kommen in Seiner Gegenwart noch nicht zur Ruhe, weil wir Ihm so wenig gleichen. Statt Frieden vor Seinen Augen zu finden (Hohelied 8,10), zappeln wir unruhig vor Seinem Angesicht hin und her. In dieser Wüste entdecken wir nicht nur das Vorhandensein unseres inneren Wirrwarrs, sondern auch unsere Unfähigkeit, ganz zu unserer geistlichen Realität zu finden. Wir entdecken unsere innere Einöde. Wir sind geistlich unfruchtbar. Die Realität in Gott, die wir glaubten zu besitzen, ist nicht vorhanden. Sprache hilft uns hier nicht weiter. Die Meinungen der Menschen tun uns keinen Gefallen. Aber Einer schaut uns an, und Sein Blick ist das Einzige, was zählt. Wir realisieren, wie wenig wir Ihn kennen und an wie viele Dinge wir uns geklammert haben, statt auf Ihn zu vertrauen. Und hier ist genau der Ort, an dem unsere Seelen sein sollen. Denn nur wenn wir uns unserer Unfruchtbarkeit gewahr werden und unsere aufgescheuchten Seelen zur Ruhe kommen, können wir den süßen Klang der Stimme unseres Bräutigams hören. Aus diesem Grund hat Er uns an diesen Ort geführt.

Wir dürfen den Mut nicht verlieren, wenn sich diese Spannungen aufbäumen. Es ist wichtig, von vornherein zu wissen, dass wir während dieser Zeit diesem Schmerz in unserer eigenen Seele begegnen werden. Mit dieser Wüstenzeit, in der wir Gott suchen und in der wir mit all der Unruhe und dem Wirrwarr in unserem

Inneren konfrontiert werden, ist ein unumgänglicher Kampf und ein gewisses Leiden verbunden. Es dauert oft viel länger, als wir erwartet haben, bis sich diese lauten Stimmen der Herrschaft der einen Stimme unterwerfen, die wie das Rauschen vieler Wasser klingt. Wenn sich dieser Prozess auch hinzieht, so dürfen wir nicht verzagen. Wir müssen die Spannungen in unserer Seele aushalten und auf den Durchbruch Seiner liebevollen Stimme warten. Wir müssen unseren Trost darin finden, dass Er uns genau zu diesem Zweck in die Wüste geführt hat: um die Stimme des Bräutigams zu erkennen. Wahrlich, Er wird kommen und unsere wartenden Herzen trösten, während Er uns in Sein Ebenbild umgestaltet.

Um vor Seinem Angesicht zu einem tiefen inneren Frieden zu gelangen und um die Identität, die wir durch Menschen empfangen haben, mit der einen wahren und lebendigen Identität zu ersetzen, die nur von Gott her definiert werden kann, muss ein bestimmtes Sterben geschehen. Während dieser Wüstenzeit unserer Seele richtet Gott auf souveräne Weise eine Art Schnittstelle ein, an der unser Sterben Seinem Leben Platz macht. Hier fordert Er uns dazu auf, all unsere alten Definitionen und seelischen Abhängigkeiten hinter uns zu lassen. Er bittet uns sogar darum, diesen Ort liebzugewinnen, an dem wir wie an einem seidenen Faden hängen und darauf warten, dass die Stimme unseres Bräutigams unserem verlangenden Herzen wahre Identität schenkt. An genau diesem verborgenen Ort, weit entfernt von Zuschauern und allein mit Gott, sterben wir und fangen an, wahrhaftig zu leben. Wir lernen, falsche Stärken loszulassen und unsere Schwachheit in Demut anzunehmen. Denn nur in Schwachheit kann Seine Kraft wirken und sich vollständig entfalten.

Es ist an der Zeit, dass sich unsere Seelen an der Wahrheit Gottes ausrichten, denn nur dort allein werden wir Ruhe finden. Wir lernen, unsere falschen Sicherheiten loszulassen, damit Er allein der Schutz unserer Seelen sein kann. Nur Er kann uns lehren, uns selbst nicht durch irgendwelche Unwahrheiten zu definieren, sondern nur allein durch die Wahrheit Seiner Liebe. Das geschieht jedoch nicht automatisch, sondern wir lernen dies Tag für Tag in der Wüste, indem wir fortwährend mit der Wahrheit Gottes in Einklang treten und so die Unwahrheiten über unser eigenes Leben berichtigen.

Er hat uns genau da, wo Er uns haben will. Wir sind in der Kluft der Umgestaltung. Hinter diesem Ort der Verwandlung verbirgt sich nichts anderes als die Fülle der Liebe selbst, die unsere Herzen erneuert. Auch wenn wir Zeiten großer Schwierigkeiten und Schmerzen durchlaufen werden, so stehen sie doch in keinem Vergleich zu dieser gewaltigen Liebe, die uns begegnen wird. Er hat uns nicht in einen Hinterhalt geführt. Auch wenn wir hier keinen einzigen Laut hören, so ist die Wüste doch der Ort der wahren Begegnung. Auch wenn wir den Schmerz des Verlustes von so vielen Scheinsicherheiten und die Erbärmlichkeit unserer eigenen Unfruchtbarkeit spüren, so hat Jesus uns dennoch nicht verlassen. In diesem verletzlichen Zustand werden wir von der Liebe überwältigt. Da, wo wir Gottes größte Enttäuschung und Züchtigung erwarten, beschenkt Er uns mit Seiner unendlichen Güte und Barmherzigkeit. Er überwältigt uns mit Seiner Liebe. Der Herr hat uns an diesen Ort geführt, um hier unsere Sicherheit und unser Trost zu werden. Hier kann unser Verlangen durch Ihn selbst gestillt werden. Er bringt uns in diese Wüste, damit Er uns Seine unbeugsame Liebe offenbaren und unsere Unfruchtbarkeit mit dem Reichtum Seiner selbst füllen kann.

Dort, wo ein Herz seine absolute Unfruchtbarkeit erkannt hat, kann Gott Seine Fülle offenbaren. Er begegnet uns in dieser Leere. Wenn wir mit Ihm alleine sind und all die anderen Stimmen zum Schweigen gebracht wurden, dann beginnt der Herr, unsere Herzen mit Seiner Liebe einzunehmen. Er tröstet unsere Seelen mit Seiner Behutsamkeit und Seinem heiligen Verlangen nach uns. Er flüstert uns zu: «Weißt du, wie sehr Ich dich liebe? Kennst du Mein Verlangen nach dir?» Er zieht unsere

Dort, wo ein Herz seine absolute Unfruchtbarkeit erkannt hat, kann Gott Seine Fülle offenbaren.

Herzen zu sich, sowohl unserer Berufung wegen, die Er selbst auf unser Leben gelegt hat, als auch wegen Seines leidenschaftlichen Verlangens nach uns. Seine wunderbare Güte macht uns dazu bereit, alles zu tun, was nötig ist, um in den unglaublichen Reichtum unseres Erbes in Ihm einzutreten.

Jetzt, da wir auf Sein Erwecken geantwortet haben und Ihm in die Wüste, dem Ort der Begegnung, gefolgt sind, werden wir vorbereitet, Seine Liebe in einer unbeschreiblichen Fülle zu empfangen. Wir sind «allein mit dem Alleinigen». Hier ist der beste Ort, an dem wir uns dieser Verwandlung durch Seine Liebe unterziehen können. Unsere Herzen sind darauf gerichtet, dem Angesicht der Liebe selbst zu begegnen und von Ihm persönlich zu empfangen …

Blick der Ewigkeit

Oh Blick der Ewigkeit,
wie verzehrend sind Deine Flammen.
Sie fegen durch die dunkelsten Stellen meines Herzens
mit dem brennenden Feuer des Verlangens
und lassen mich durchläutert und unverhüllt zurück
... aber eingehüllt in Deine Liebe.

Sie widerstehen meinem Angebot,
Deine Liebe zu verdienen,
Deinen Blick zu gewinnen,
mir Deine Gunst zu erarbeiten.
Du hüllst mich ein mit Deiner mächtigen Liebe,
bis meine bangen Einwände weichen.

Du nimmst die schwächsten Stellen meines Herzen
und küsst sie mit Deiner Barmherzigkeit.
Du schenkst meinen Füßen festen Grund
und erhebst mich mit der Macht Deiner heiligen Liebe.

Glühende Leidenschaft verzehrt mein Herz,
verwandelt meine Finsternis in Licht.
Eiferndes Verlangen, das jeder Verwehrung trotzt.
Es verschlingt alles, was sich verbirgt ... in mir

Oh Blick der Ewigkeit,
wie verzehrend Deine Flammen.
Oh ewiger Freund,
wie Du mein Herz eroberst
mit unvergleichlichem, unverdientem Verlangen.

Kapitel 4

Im Angesicht der Liebe

«Er küsse mich mit den Küssen seines Mundes – denn deine Liebe ist köstlicher als Wein.» *Hohelied 1,2*

An jenem Nachmittag saß ich allein im Kino und schaute mir eine moderne Verfilmung des Märchens *Aschenputtel* an, als der Herr die innerste Kammer meines Herzens mit einem göttlichen Pfeil traf. Ich ging voller Erwartung in diesen *Aschenputtel*-Film. Ich hoffte so sehr, dass der Herr zu mir reden und mir die wunderbarste Geschichte aller Zeiten näher bringen würde – Seine Geschichte. Mein Herz kämpfte damals mit der Vorstellung, dass in Gott ein leidenschaftliches Verlangen nach mir brennen sollte. Ich fragte mich, wie sich denn dieser herrliche, majestätische Gott, der vollkommen und heilig ist, in schwache menschliche Wesen verlieben konnte, die ja so sündig und zerbrochen sind?!

In einer Szene zum Ende des Films hin antwortete der Herr mir auf die brennenden Fragen meines Herzen. Das Mädchen Aschenputtel wurde gefangen gehalten und der wunderbare Prinz kam, um sie zu befreien. In königlichen Gewändern ritt er als starker Held ein, und in einem spannungsvollen Moment begegneten seine Augen den ihrigen. Die Kluft zwischen seiner adligen Herkunft und ihrem niedrigen Stand schien ihr unüberbrückbar, als sie realisierte, dass er sie in diesem Augenblick so sah, wie sie war: lediglich eine Magd. In der Vergangenheit hatte sie es immer gerade noch rechtzeitig geschafft, sich vor jeder Begegnung mit schönen Kleidern zu schmücken, um so wie eine adlige Frau zu erscheinen.

Aber in jenem Moment war sie in Lumpen gekleidet, schmutzig von Kopf bis Fuß und ohne jede Möglichkeit, dieser Situation zu entkommen. Als er auf sie zukommt, senkt sie vor lauter Scham ihren Kopf. Der Prinz steigt von seinem Pferd und kniet vor ihr nieder. Er sieht in ihr nur Schönheit und sie als die Frau, die er von ganzem Herzen begehrt. Mit verliebtem Blick spricht er zu ihr: *«Ich knie vor dir nicht als Prinz, sondern als verliebter Mann, aber ich würde mich wie ein König fühlen, wenn du meine Frau werden willst.»*

Es gibt keinen Platz für menschliche Vernunft, wenn der Gott, dessen Liebe alle Erkenntnis übertrifft, sich dazu entschieden hat, uns zu lieben.

Das waren die Worte, die in der Tiefe meines Herzen etwas aufbrachen. Die Wahrheit Gottes strömte wie eine mächtige Flut in mein Herz und schwemmte die falschen Vorstellungen von Gott förmlich hinweg. Die Flut der Wahrheit war ganz einfach: *«Er ist der verliebte Mann!»* Ich erkannte, dass ich die unerklärliche, unvernünftige, liebeskranke Seite der Liebe völlig außer Acht gelassen hatte, und dass ich versucht hatte, diese unlogische Realität mit Vernunft zu erklären.

Wo aber ist die Logik in leidenschaftlicher Liebe? Wenn ein Mann verliebt ist, was kann seine Geliebte dann noch dagegen tun? Sie kann ihm alle Einwände aufführen und versuchen, ihn vom Gegenteil zu überzeugen. Sie kann versuchen, ihm zu sagen, wie wenig sie ihn doch verdient und wie unvernünftig seine leidenschaftlichen Gefühle sind. Doch bei jedem Einwand wird er sie verständnislos mit einem liebeskranken Blick anstarren und völlig unbeeindruckt von ihrer Logik bleiben. Es gibt wahrlich kaum Hoffnung für logische Vernunft, wenn ein Herz mit leidenschaftlicher Liebe erfüllt ist. Und es gibt keinen Platz für menschliche Vernunft, wenn der Gott, dessen Liebe alle Erkenntnis übertrifft, sich dazu entschieden hat, uns zu lieben.

Als der Herr mein Verständnis öffnete, um diese neue Offenbarung über das Wesen Seiner Liebe empfangen zu können, hat Er ganz tief in mir etwas neu geordnet. Unter vielen Tränen habe ich an jenem Abend folgende Worte aufgeschrieben:

Liebe mich

Aber warum? Aber wie? Wie kann es sein, dass Er mich liebt?
Wie kann es sein, dass der König, der Schöpfer, der Herrliche und der Mächtige geschworen hat, mich zu lieben und zu verehren?
Wie kann das nur sein?
Und ich, so unrein … ich, so reizlos … ich, so dunkel.
Und Er, so rein … Er, so schön … Er, so gut … Wie kann das nur sein?
Jesus, ich verstehe nicht. Jesus, was hast Du getan?
Es ist zu viel, zu hoch … für jemanden, der so unwürdig ist.
Aber daran hast Du Deine Freude. Du freust Dich an meiner Schwachheit.
Du liebst mich in meiner Hilflosigkeit.
Du forderst nicht von mir, stark zu sein.
Du forderst nicht von mir, würdig zu sein.
Denn ich werde dieser Liebe niemals würdig sein.
Ich kann sie nicht verdienen. Ich kann sie nicht erarbeiten.
Alles, was ich jemals tun könnte, wäre niemals genug.
Mein Herz würde niemals als würdig befunden werden.
Und Du hast es so gewollt.
Alle Versuche gehen leer aus und aller Eifer verdorrt.
Denn Du wirst mich nie für meine Verdienste lieben.
Deine Liebe für mich ist zu wunderbar, zu reich,
um sie für einen niedrigen Preis zu erkaufen.
Es ist eine Liebe, die ich mir nie leisten könnte,
und die doch keinen Pfennig von mir fordert.
Sie gehört mir. Sie gehört mir umsonst. Sie ist mir als Geschenk gegeben.
Was alle Fürsten und Könige der Erde sich nicht leisten können,
hast Du meinem kleinen Herzen geschenkt.

Was für eine Liebe ist das, mein Jesus, und warum liebst Du mich?
Oh, warum hast Du Deine Liebe und Deinen Reichtum
einer Seele wie mir geschenkt?
Wenn ich die Kraft hätte, würde ich sagen:
«Bitte ... um der Gerechtigkeit willen ... liebe eine andere.»
Aber ich kann es nicht sagen. Nur ein Narr könnte Dich abweisen. Darum,
liebe mich denn, oh vollkommener König.
Liebe mich,
arm und schmutzig.
Liebe die, die nicht verdienen oder bezahlen kann.
Liebe die Verworfene und Verachtete.
Liebe die, die Dir nichts bringen kann außer Tränen
und ein sehnsüchtiges Herz.
Liebe mich. Denn ich kann Dich nicht abweisen.
Ich kann solche Liebe nicht verwerfen.
Liebe mich denn, Jesus. Wie Du geschworen hast,
liebe und verehre jemanden so klein wie mich ...

Die Wahrheit Seiner Liebe

Jesus, der mächtige König und souveräne Herrscher, ist ein Bräutigam, und Er hat beschlossen, uns schwache menschliche Wesen zu lieben. Das ist die außergewöhnlichste Geschichte aller Zeiten, die sich nicht mit logischen Argumenten unseres natürlichen Verstandes erklären lässt. Unsere Reaktion auf diese *Aschenputtel*-Szene ist ein schwacher Abglanz von unserem bruchstückhaften Verständnis der Geschichte aller Zeiten. Unser Verstand sagt uns, dass der mächtige Prinz unmöglich das unattraktive Bauernmädchen begehren kann. Das passt nicht in unser Bild. Aber genau das ist die Logik, die mit rationalen Argumenten verbietet, uns an der Herrlichkeit unseres Erbes und unserer ewigen Berufung zu erfreuen.

Er hat uns mit einer Liebe beschenkt, die alle Vernunft übersteigt. Unser natürlicher Verstand kann und wird es nicht verstehen.

Solange wir an unserer Art zu denken und an unserer irdischen Logik festhalten, werden wir immer und immer wieder um dieses Thema kreisen und niemals die Wahrheit über Seine Liebe empfangen. Sie ist noch unerhörter und unfassbarer als die Märchen, die wir kennen. Aber es ist die Wahrheit, und die Wahrheit wird nicht durch unsere Logik bestimmt. Die Wahrheit wird von dem bestimmt, der die Wahrheit *ist*. Und der Eine, der Seine eifernde Liebe auf uns schwache menschliche Wesen gerichtet hat, ist *der Weg, die Wahrheit und das Leben* (Joh. 14,6). Die Wahrheit ist in Seinem Herzen zu finden.

Märchen sind aus unserer von Gott gegebenen Sehnsucht und Hoffnung entstanden, dass eine solche Geschichte auch in unserem Leben Wirklichkeit werden kann. Es ist unsere eigene Geschichte. Mit brennendem Eifer hat Er die gesamte Menschheitsgeschichte so eingefädelt, dass mit ihr das herausragendste Märchen aller Zeiten entfaltet wird, um in dem größten Hochzeitsfest aller Zeiten zu enden. Und das Hochzeitsfest wird erst der Anfang sein! In alle Ewigkeit werden wir in Seinen Armen als Seine geliebte Braut leben und für immer von Seiner Herrlichkeit und Anmut überwältigt sein. Wir sind der lebendige Beweis dafür, dass das Herz des wunderbaren Gottes von schwachen menschlichen Wesen überwältigt ist. Er hat sich selbst verletzlich gemacht und Sein Herz für die Freuden und Leiden eines verliebten Herzens hingegeben. Wenn Er mich anschaut, dann sieht Er mich mit den Augen der Liebe und des Verlangens. Er kommt zu mir und sagt: «Ich bin ein Mann, der verliebt ist. Ich bin ein Gott, der Sein Herz verloren hat. Ein Herz, das mit einer glühenden Liebe für dich brennt. Ich bin das verzehrende Feuer der Liebe, und du bist das Erbe, das der Vater Mir verheißen hat. Wirst du Meine Liebe empfangen?»

Seine Liebe empfangen

Der erste Teil der Begegnung mit Seiner Liebe besteht aus der Offenbarung Seines brennenden Verlangens nach mir, dass Er derjenige ist; der meine Seele liebt. Der zweite Teil besteht darin, diese Liebe nun tatsächlich zu *empfangen* und tief von ihrem Reichtum zu trinken. Unsere Rolle als Braut des Lammes ist es, unsere Herzen weit zu öffnen und zu *empfangen.* Und das ist ein fortwährender Prozess, denn wir können nur so viel von Seiner Liebe empfangen, wie unsere Herzen fassen können. Unsere Herzen müssen für Seine Liebe erweitert werden. Sein Wesen ist ein unendlicher Ozean, und wer könnte Ihn erfassen? Wer kann Seine ewige Persönlichkeit ergründen? Wir haben schwache Herzen, und unser Fassungsvermögen ist in der Dürre unserer Tage und in der Steppe unseres unerneuerten Verstandes geschrumpft.

Wie wird es nur möglich, dass dieser gewaltige Ozean der Liebe von kleinen menschlichen Herzen erfasst werden kann? Die einzige Möglichkeit, bei der unsere Herzen eine Erweiterung erfahren können, ist der göttliche Weg des «Dehnens» durch Hunger, Sehnsucht und Verlangen. Diese inneren Kräfte bereiten in uns einen Raum, der mit nichts anderem gefüllt werden will als mit Seiner Liebe.

Die einzige Möglichkeit, bei der unsere Herzen eine Erweiterung erfahren können, ist der göttliche Weg des Dehnens durch Hunger, Sehnsucht und Verlangen.

Wir treten Tag für Tag in Seine glühende Liebe ein und öffnen Ihm unser Herz. Wir nehmen eine Haltung ein, in der wir den Freudenstrom empfangen können, der von Seinem Herzen fließt. Wenn wir an diesem Ort sind, dann weckt Er ein Verlangen in uns durch die Offenbarung Seiner Liebe. Er füllt uns dann entsprechend unserem Hunger und Verlangen – «Selig sind die Trauernden, denn sie werden getröstet werden {…} Selig sind, die hungern und dürsten nach Gerechtigkeit, denn sie sollen satt werden» (Matth. 5,4.6). Wenn wir auf Ihn warten, dann offenbart Er sich uns, und unsere Herzen werden mit einem größeren Hunger und einem stärkeren Verlangen gefüllt. Diese Sehnsüchte bereiten den Ort vor, an dem wir mehr von Seiner Liebe und tiefere Einsicht in Sein Herz empfangen können.

Und was bedeutet es nun, vor das Feuer der Leidenschaft zu kommen? Wir füllen unsere Gedanken mit Worten der Heiligen Schrift, die von Seiner Liebe und Zuwendung sprechen. Wir sinnen über das Wesen Seiner Person nach. Wir singen und sprechen das Wort Gottes immer wieder über unserem Herzen aus und lassen es wie einen sanften Regen den ausgetrockneten, durstigen Boden unseres Herzens bewässern. Wir können es uns nicht leisten, leichtfertig damit umzugehen. Wir richten unseren Blick fest auf das mit Freude gefüllte Herz Jesu und schauen auf Seine Herrlichkeit, indem wir durch die Fenster blicken, die Gott uns in Seinem Wort geöffnet hat. Wir lassen es zu, dass unsere alten Paradigmen durch den Heiligen Geist umdefiniert werden und wir Ihn so im Licht Seiner unglaublichen Liebe sehen können. Diese Umgestaltung braucht Zeit, und es wird Phasen geben, in denen sich nichts zu bewegen scheint. Es geschieht nicht innerhalb eines Tages oder einer Woche. Doch wenn aus den Wochen Monate werden und aus Monaten Jahre, dann werden wir zurückblicken und sehen, dass unbestritten eine Verwandlung stattgefunden hat. Unsere Sicht von Ihm und zugleich von uns selbst wird eine enorme Veränderung durchlaufen. Unabhängig davon, ob wir uns schon von Anfang an darüber im Klaren sind oder nicht, am Ende dieses Prozesses werden wir ganz vom Heiligen Geist erfüllt sein, und wir werden Ihn und uns selbst mit den Augen Gottes sehen können.

Als Seine Braut antworten wir auf Seinen leidenschaftlichen Blick mit Würde und Ehre, denn diese Braut weiß, wer sie ist. Sie stellt ihren Wert vor Ihm nicht in Frage. Sie weiß, dass sie vor einem Gott steht, der von Liebe überwältigt ist. Sie schreckt nicht zurück, wenn der Feind mit Anklagen und Lügen kommt. Wenn sie sich in schwierigen und notvollen Lebensumständen befindet, fürchtet sie sich nicht und stellt die Liebe ihres Geliebten nicht in Frage. Stattdessen steht sie voller Würde und Ehre fest in der Liebe und sagt: «*Er liebt mich. Ich weiß, dass Er mich liebt. Seine Führung in meinem Leben ist perfekt, und alle Seine Wege sind voller Liebe.*» Das wird unser Zeugnis sein. Wir werden wie eine Braut in all ihrer Herrlichkeit sein – und eine Braut ohne Furcht. Wir werden eine Braut sein, die fest steht und sich der Liebe ihres Bräutigam-Gottes gewiss ist, die über die Sorgen dieser Welt hoch erhoben ist und sich von dem göttlichen Strom Seiner ewigen Liebe getragen weiß.

Durch die Erkenntnis Seiner Liebe verändert

Unser Gott ist ein verzehrendes Feuer. Seine glühende Liebe ist nicht neutral, was ihre Wirkung auf unsere Herzen angeht. Wenn wir in Berührung mit diesem Feuer geraten, dann bleiben wir nicht so wie vorher. Seine eifernde Liebe brennt alles in uns hinweg, was keinen ewigen Bestand hat, und läutert all das, was ewig bestehen wird. In jedem von uns gibt es bestimmte Gedanken, die der Wahrheit Seiner Liebe und Seines Wesens widerstreben. Diese Anklagen stehen der Erkenntnis Seines Herzens entgegen. Wenn wir zielgerichtet darauf hinarbeiten, unsere Herzen täglich auf diesen Gott voller leidenschaftlichem Verlangen auszurichten, dann verbrennt Er diese falschen Gedanken mit den feurigen Flammen Seiner Liebe und schenkt uns die Erkenntnis von Ihm selbst.

Seine glühende Liebe ist nicht neutral, was ihre Wirkung auf unsere Herzen angeht.

Wenn wir unseren Blick auf Ihn richten, werden unsere Augen mit Licht gefüllt. Wenn wir uns Seine Wahrheit und Sein Wesen vor Augen halten, dann werden unsere Herzen verändert. In Seinem Licht sehen wir das Licht. Wir fangen an, unser Leben auf Erden und unsere Bestimmung in Ewigkeit ganz anders zu sehen als bisher. Wenn wir in die Offenbarung Seiner Liebe eintreten, dann werden unsere Herzen neu ausgerichtet. Es gibt Dinge in uns, die aus dem Lot geraten sind, und sie müssen wieder in Übereinstimmung mit Gottes Wahrheit gebracht werden. Da gibt es Anklagen vom Feind, denen wir unbewusst zugestimmt haben. Diese Lügen werden durch die Liebe Gottes korrigiert.

Die Erneuerung durch Seine Liebe

Wir haben verletzliche Herzen und ein schwaches Gedächtnis. Was Er uns gestern über Seine Freude an uns gesagt hat, scheint uns heute so weit entfernt. Wir verlieren so schnell die Wahrheit aus den Augen und vergessen die Nähe, die wir noch gestern erfahren haben. Obwohl wir gestern vielleicht mit der Erkenntnis von Gottes leidenschaftlicher Liebe überströmten und uns Seiner Zuneigung völlig sicher waren, scheint es uns heute im grauen Alltag nicht viel mehr als ein Hirngespinst gewesen zu sein. Auch wenn wir gestern noch den lebendigen Strom Seiner Liebe erlebt haben, finden wir heute plötzlich ein ausgetrocknetes Flussbett vor. «Zeig sie mir ganz neu», flüstern wir. *«Zeig sie mir wieder neu. Ich weiß nicht genau, wie ich es vergessen konnte, aber zeig mir wieder neu Deine Liebe. Wie war das doch gleich wieder mit Deinem Verlangen? Was genau war es noch mal, was Du für mich empfindest und wie Du über mich denkst? Ich muss es wieder ganz neu hören und wissen. Jesus, bitte zeig es mir wieder neu.»*

Wenn wir lernen, Seine Liebe tief in unseren Herzen zu empfangen, dann werden wir immer wieder neu die Bestätigung Seiner Liebe und Zuneigung brauchen. Es gehört zu dem Prozess der Liebe, immer wieder zu bitten: *«Mach mir Deine Liebe wieder ganz neu deutlich. Zeig mir wieder neu, wie sehr Du Dich an mir freust. Erinnere mich wieder an Deine liebevolle Zuneigung.»* Es wird uns immer wie ein Tauziehen vorkommen, zwischen dem Erleben Seiner Freude und dem Gefühl der völligen Entfremdung. In diesen Zeiten, wenn wir uns kaum noch an Seine Liebe erinnern können, müssen wir unentwegt über unseren Herzen aussprechen und singen, was Er in Seinem Wort über Seine Liebe zu uns gesagt hat. Wir müssen Seinen Geist bitten, uns wieder alles ins Gedächtnis zu rufen. Jesus wusste, dass unsere Herzen dies brauchen würden, und Er gab uns deshalb den

Heiligen Geist, um uns wieder an all das zu erinnern, was Er zu uns gesprochen hat (Joh. 14,26). Er wusste, dass wir immer wieder neu die Bestätigung brauchen würden, dass das alles wahr und unsere Hoffnung nicht umsonst ist. Deshalb müssen wir den Heiligen Geist ständig bitten, unsere Herzen wieder neu mit der Wahrheit über Seine Liebe zu entfachen, indem wir zu Ihm rufen: *«Zeig sie mir wieder neu!»*

Eine freiwillige Liebe

In der alten jüdischen Verlobungszeremonie wartete der Bräutigam, nachdem er der Braut und ihren Eltern den Ehevertrag vorgelegt hatte, auf die Antwort der Braut. Um zu sehen, ob seine Geliebte den Antrag annehmen würde, nahm der junge Mann einen Kelch mit Wein, trank davon und wartete dann darauf, dass sie den Kelch nehmen und ebenfalls davon trinken würde. Dieser Kelch war Symbol für den Bund der Ehe. Indem sie den Kelch nahm und daraus trank, gab sie ihr *Ja* zu seinem Antrag, der Bund wurde versiegelt und sie waren verlobt. In gleicher Weise hat Jesus, unser Bräutigam, den rechtsgültigen Vertrag der Erlösung vorgelegt und stellt nun den Kelch des Bundes vor jeden Einzelnen von uns persönlich und fragt: «Wirst du Mich GANZ annehmen?»

Die Liebe, die Er will, ist die Liebe, die Ihm *freiwillig* von jedem Einzelnen geschenkt wird. Er will ein freiwilliges *Ja*, das aus der Tiefe unseres Herzens kommt. Was für uns in der Zukunft liegt, ist keine arrangierte Ehe ohne Entscheidungsfreiheit. Wir geben Ihm unsere Liebe aus freien Stücken. Denn was ist Liebe, wenn sie nicht erwählt wird? In Seiner Souveränität und Seinem leidenschaftlichen Verlangen hat Er den Menschen mit einem freien Willen geschaffen. Er wollte freiwillige Liebhaber haben. «Dein Volk ist voller Willigkeit am Tage deiner Macht ...» (Ps. 110,3). Er lässt der Stimme unserer Entscheidung Raum. Als souveräner Herrscher benutzt Er Seine Autorität nicht dazu, um Liebe für Ihn selbst zu erzwingen oder einem Mandat zu unterstellen. Vielmehr hat Er es in Seiner heiligen Macht so vorgesehen, dass jede kleine Stimme die Freiheit hat, sich mit Seiner Liebe vollends zu vereinen. Er will Herzen, die sich für Ihn entscheiden, genauso wie sich eine Braut für ihren Mann entscheidet und seinen Antrag annimmt. Dieses klare *Ja* muss aus unseren Herzen erklingen, um in die Tiefen Seiner Liebe eintauchen zu können.

Er stellt diesen Kelch vor uns hin und fragt: «Wirst du Mich ganz empfangen, mit allem, was Ich bin?» Das ist keine einfache Frage, die Er uns da stellt. Um Ihn ganz zu empfangen, mit allem was Ihn ausmacht, gehen wir ein großes Wagnis ein. Es ist ein *Ja,* das nicht an die Bedingung geknüpft ist, dass wir Ihn und alle Seine Wege umfassend verstehen werden. Ohne dass wir mit unserem Verstand auch nur einen Bruchteil von all dem erfassen können, wer Er wirklich ist, werden wir eins mit allem, was Er ist. Und das Einverständnis, das wir Ihm damit geben, ist gefährlich. Es ist im gleichen Maße riskant, wie wenn wir uns auf einen gewaltigen Ozean begeben oder uns an einem starken Wirbelsturm festklammern würden. Für unseren natürlichen Verstand ist dieses *Ja* genauso «unvernünftig», wie sich mitten in die verzehrenden Flammen eines Feuers zu begeben. Und doch ist es in Wahrheit die sicherste und erfüllendste Vereinigung, die es gibt. Es ist eine gewaltige Entscheidung der Liebe, die wir treffen, weil in uns ein unbändiger Drang ist, der genau wissen will, was Er tun wird und wohin Er uns führen wird. Aber auch wenn uns Seine Wege unbekannt sind, so ist dieses *Ja* zu allem, was Er ist, doch unsere weiseste Entscheidung auf Erden.

Auch wenn wir nur begrenzt sehen und nicht wissen können, auf was wir uns da alles einlassen, so öffnen wir uns doch für die Liebe. Es ist immer Liebe. Wir wissen, das Wesen dieses Ozeans ist Liebe. Gibt es irgendwo mehr Sicherheit als dort? Unser Verstand hat noch nicht erfasst, welch tiefer Friede, welch sichere Zuflucht an diesem Ort auf uns wartet. Es ist ein Friede, der über alle Vernunft hinausgeht. Es ist eine Liebe, die alle Erkenntnis übersteigt. Oh, wie sicher ist die Wohnung Gottes! Oh, wie sicher ist die Braut Seiner

Wahl in Seinen Armen, wo Er sie hegt wie einen Schatz. Oh, welch Freude und Wonne ist es, so in Seinen Armen zu liegen!

Unser Gott ist ein Gott, dessen Persönlichkeit so unermesslich und unerschöpflich ist, dass die ganze Ewigkeit nicht ausreicht, um sie zu ergründen. Und Er hat bei der Erschaffung unserer Herzen gerade dieses göttliche Verlangen in uns hineingelegt, uns diesem ewigen Erforschen hinzugeben. Wir sind mit einem grenzenlosen Ozean voller Geheimnisse verbunden. Wir erzittern vor Seiner Majestät und gleichzeitig sehnen wir uns unaufhörlich danach, dass die Schleier, die uns die Sicht auf unseren geliebten Ehemann nehmen, einer nach dem anderen fallen. In heiliger Ehrfurcht gegenüber Seiner Schönheit und Erhabenheit werden wir für immer und ewig fasziniert sein. Wie glanzvoll und prächtig doch das Verzehrende Feuer ist! Wie atemberaubend ist dieser gewaltige Wirbelsturm! Wie wunderbar ist dieser Ozean, in den wir ganz eingetaucht sind!

Mit einem Ozean vereint

Ich bin eingetreten in einen Ozean.
Ich gebe mich dem verzehrenden Feuer hin.
Wer kann wissen, zu was ich Ja gesagt habe?
Oder wohin mich dieses Ja führen wird?
Welten von unermesslicher Weite befinden sich in Dir.
Unverzeichnete Gewässer. Unerforscht in der Tiefe.
Ja, ich sage «Ja». Zu allem, was Du bist.
Es ist eine Entscheidung, bei der ich nur weiß, dass ich Ja zu ihr sage.
Ich kenne nur einen Teil, und den nur bruchstückhaft.
Wie könnte ich auch wissen, was alles in Deinem Herzen ist?
Wie könnte ich nur erfassen, was seit jeher in Dir brennt?
Ich könnte niemals verstehen,
wo dieses Feuer war oder wohin es geht.
Ich könnte niemals erfassen, was sich in der Tiefe dieses Ozeans verbirgt.

Ich hänge mich an das Ewige Feuer des Verlangens.
Und in der Ewigen Tiefe mache ich mein Zuhause.
Wenn ich in den glühenden Blick des Ewigen Bräutigams schaue,
wie könnte ich dann die ganze Geschichte hinter dem Feuer kennen,
die es zu erzählen gäbe?
Denn es brannte bereits vor Anbeginn der Zeit.
Generation für Generation hat jede ihre glühenden Geschichten erhalten.
Und wer könnte sie ganz erzählen?
Ich sage «Ja» zu allem, was Du bist. Zu allem, was in Deinem Herzen ist.
Unergründliches Geheimnis. Unbekannter Ozean.
Unsagbare Weisheit und übernatürliche Höhen der Herrlichkeit.
Ich versenke mich in die unbekannte Weite Deiner Person.
Wie groß ist die Tiefe von all dem, was ich nicht erfassen kann.
Wohin es mich führt, ich weiß es nicht.
Aber ich weiß, dass das Zeichen der Liebe für ewig über mir stehen wird.
Denn Deine Werke sind gerecht und gut und all Deine Wege sind Liebe.
Das ist, was ich von Dir weiß. Das wird mein ewiges Zeugnis sein.
Ich vereine mich mit einem Ozean.
Ich gebe mich der unbekannten göttlichen Welt hin.
Und ich werde dem Lamm folgen.
Ich werde diesem Mann folgen, wohin auch immer Er geht.

Mein Lied

Vor langer Zeit hat Er ein Lied geschrieben,
eingraviert hat Er es in mein Herz.
Ein Lied für mein Herz, um es in alle Ewigkeit zu singen.
Tief in meinem Herzen, tiefe Wasser, süße Klänge in der Verborgenheit,
allein für Sein Herz,
das Göttliche Verborgene in mir.
Worte, die kein anderes Herz hat, einzigartig auf der ganzen Welt.
Nur tief in dieser Seele findet Seine Sehnsucht Ruhe.
Sie wurde geschaffen, um diesen Platz in Seinem Herzen zu berühren.
Er erweckt die schlummernde Liebe.
Er schöpft tiefe Wasser hervor,
und von meiner Stimme
ist Er überwältigt.

Kapitel 5

Seine Liebe persönlich empfangen

«Eine ist meine Taube, meine Vollkommene. Sie ist die einzige ihrer Mutter, das Liebste für die, die sie geboren.» *Hohelied 6,9*

Was passiert, wenn der Mann mit Feuerflammen in Seinen Augen Seinen Blick auf dich richtet und nur ganz allein dich anschaut? Was geschieht, wenn dieser Bräutigam-König dich aus einer großen Menschenmenge erwählt und mit Seiner Liebe überwältigt? Wie reagiert dein Herz darauf?

Wenn unser Retter Jesus in unserem Bewusstsein zu unserem Bräutigam wird, und wenn Er Seine tiefe Liebe für uns persönlich offenbart, dann finden wir uns auf einmal in einem Wirbelsturm voller neuer Spannungen. Alle möglichen neuen Regungen, gute wie schlechte, tauchen in unseren Herzen auf. Es war uns angenehm, Seine Liebe in einem allumfassenden Sinne zu erleben – eine Liebe, die sich auf die Allgemeinheit bezieht. Aber jetzt, wo wir ganz allein im Ozean Seiner Liebe stehen, fühlen wir uns plötzlich gar nicht mehr so wohl. Wir wehren Ihn ab und winden uns voller Unbehagen unter der Glut Seines Verlangens.

Der Gott, der «die Welt so sehr liebt», bleibt so lange für dich nur ein *netter* Gott, bis sich diese «Welt» auf *dich* bezieht. Solange nicht *du* diese «Welt» bist, hat diese Aussage keine nachhaltige Wirkung. Wenn Seine Liebe in unserem Verständnis immer nur «allgemein» bleibt und wir nur die Wahrheit empfangen, dass Er die «Welt» so sehr geliebt hat, dann wird diese Liebe uns in der Tiefe unseres Herzens nicht wirklich verändern. Und wenn wir die Offenbarung von Jesus als Bräutigam nur in einem allgemeinen Sinn verstehen, ohne dass wir um ein persönliches Verständnis ringen, dann sind wir wie die törichten Jungfrauen, die zwar wussten, dass Er ein Bräutigam ist, das Licht ihrer Lampen jedoch im entscheidenden Moment verloren hatten, weil sie ihre innige Beziehung zu Ihm nicht persönlich gepflegt hatten.

Eine Braut ist eine Braut, weil die Augen ihres Bräutigams ganz auf sie gerichtet sind. Sie weiß, dass sie die Einzige ist, die Auserkorene ihres Geliebten. Deshalb ist es so wichtig, dass sich jedes Herz auf eine *persönliche Reise* zur Liebe des Bräutigams begibt. Jeder Einzelne von uns muss für sich allein im Feuer Seines läuternden Blickes stehen und Seine Liebe für sich ganz persönlich zulassen. Ich muss wissen und erkennen, dass ich Gottes Auserkorene bin, dass ich allein im Zentrum Seines Verlangens stehe.

Die meisten von uns können den *Gedanken* akzeptieren, dass Gott ein Gott der Liebe ist. Wir nehmen das Konzept an, dass Sein Herz mit glühender Leidenschaft brennt. Aber wir lassen unser eigenes Herz nicht von der revolutionären Wahrheit erfassen, dass Er *von mir persönlich* hingerissen ist. Diese persönliche Ebene zielt auf unser Herz und erreicht so den tiefsten Kern unserer Persönlichkeit. Wir stellen uns auf einmal die Frage: «Wie kann Er unter all den anderen ausgerechnet nach mir verlangen und trotzdem alle anderen genauso lieben wie mich? Wie kann es sein, dass Er so für mich persönlich eifert, wenn ich nur einer unter vielen in der weltweiten Gemeinde, der gesamten Braut Christi, bin?»

Als mich auf meiner eigenen Reise all diese Fragen bestürmten, offenbarte der Herr mir in einem kleinen Bild, wie diese individuelle Liebe für jeden Einzelnen ihren Platz in Seinem Herzen hat. Er ließ mich sehen, wie es möglich ist, dass jeder Einzelne von uns eine einzigartige, privilegierte Stellung vor Ihm einnehmen kann. Er zeigte mir, dass es in Seinem Herzen viele Lieder gibt und dass

Er jeden Einzelnen von uns geschaffen hat, um jeweils eines dieser Lieder für Ihn zu singen. Der Schöpfer hat in die Tiefe eines jeden Herzens ein bestimmtes Lied Seines eigenen Wesens hineingelegt. Er hat jede Person als ein Lied für Sein Herz geschaffen. Nur diese Person mit dieser Gestalt, Geschichte und Reise kann das entsprechende Lied für Sein Herz singen und diesen Platz ausfüllen.

Niemand außer mir kann den Plan für mein Leben erfüllen, und niemand außer mir kann dieses Lied singen, um damit das spezifische Verlangen in Gottes Herzen zu stillen.

Als ich anfing zu verstehen, dass ich ein Lied war, das vor Anbeginn der Zeit aus Seinem Herzen entsprang, und dass ich aus einem ganz bestimmten Verlangen aus Seinem Herzen heraus geschaffen wurde, konnte ich Seine persönliche Liebe und Zuwendung für mich in der Tiefe empfangen. Ich erkannte plötzlich, dass niemand außer mir den Plan für mein Leben erfüllen kann, und dass niemand außer mir dieses Lied singen kann, um damit dieses spezifische Verlangen in Gottes Herzen zu stillen. Er wartet auf meine Antwort. Als ich anfing, diese Einzigartigkeit zu begreifen, wurden in meinem Herzen ganz neue Regungen wach. Ich erlebte es bis tief in meine Emotionen hinein, dass ich *Seine Liebste* war. Dieser Bereich Seiner Liebe und Leidenschaft brachte in mir eine ganz neue Welt der Freude und Erfüllung hervor. Ich spürte plötzlich den Drang, auf Sein Verlangen zu antworten und mit Seiner Liebe in Einklang zu treten. Er verlangt danach, dass ich *Ja* sage zu Seiner persönlichen Liebe zu mir und meine privilegierte Stellung in Seinem Herzen einnehme.

Du in Mir

«An jenem Tage werdet ihr erkennen, dass ich in meinem Vater bin, und IHR IN MIR und ich in euch.» *Johannes 14,20*

«Du bist in Mir», sagt Er. Wir haben die Worte gehört «Ich bin in Meinem Vater» und sogar «Ich bin in dir», aber haben wir gehört, dass Er zu uns sagt: «Du bist *in Mir*»? Er zeigt auf jedes einzelne Herz und sagt: «Du *bist in Mir.*» Ich bin in Seinem Herzen. Dort wohne ich. Dort komme ich her, dort bin ich, und dorthin werde ich zurückkehren. Ich bin genauso in Ihm, wie Er in mir ist. Ich sitze mit Christus im Himmel. Mein Leben ist verborgen mit Christus in Gott. Wenn Er offenbar wird, dann werden auch wir mit Ihm offenbar werden in Herrlichkeit (Kol. 3,4). Christus wohnt nicht nur durch Seinen Geist in mir, sondern ich – Seine geliebte und auserkorene Braut – wohne auch in Seinem Herzen. Sein Herz ist unser gemeinsamer Wohnsitz.

Er hat mich aus einem Teil Seiner selbst geschaffen. In mir hat Er einen Abglanz Seiner Herrlichkeit geschaffen, einen Teil Seines großen Geheimnisses, ein lebendiges, atmendes Ebenbild von sich selbst. Es ist, als ob Er tief in Seine eigene Person gegriffen und eine lebendige Substanz herausgenommen hätte, um sie in meinen zerbrechlichen Leib zu hauchen. Alles, was ich bin, spiegelt einen Teil von dem Reichtum des Wesens Gottes wider, den Er in mich hineingelegt hat. Er hat meine äußere Form, meine Persönlichkeit, meinen Verstand, meine Schwachheiten und Stärken so angelegt, dass sie diesen wunderbaren Teil von Ihm widerspiegeln. Er hat mich am Tage meiner Geburt auf diese Erde gestellt und gesagt: «Nun darf dieser Teil Meines Herzens in Raum und Zeit leben. Nun darf dieses Geheimnis Meiner Persönlichkeit Form annehmen und widergespiegelt werden.»

Möge der Schöpfer persönlich in Seiner göttlichen Schönheit in uns hervorstrahlen, die Er auf einzigartige Weise in jedes einzelne Herz hineingelegt hat.

Meine Zustimmung öffnet mir die Tür zu diesem Geheimnis, indem ich in Einklang trete mit dem Wesen Gottes – *wer Er ist* – und mit meiner Stellung vor Ihm – *wer ich bin.* Der Heilige Geist, den Er mir bei meiner Wiedergeburt eingehaucht hat, führt mich täglich in ein wahres Verständnis von Gottes Wesen hinein. Er offenbart mir Jesus in meinem Herzen, und je mehr ich auf Ihn schaue und Seine Herrlichkeit sehe, werde ich selbst von Herrlichkeit zu Herrlichkeit verwandelt. Aus der

Offenbarung Seines Wesens fließt die Erkenntnis, wer ich *in Ihm* bin. Als Er mich erschuf, gab Er mir die Note «sehr gut» (1. Mose 1,31). Er stimmte Seinem Werk meiner Schöpfung zu. Und so muss auch ich in der Tiefe Seinem Werk zustimmen und mit Seiner Freude über mich in Einklang treten. Wenn ich dem zustimme, was Er in mir geschaffen hat, dann werde ich eins mit Ihm und bin nicht länger durch Hindernisse oder Irrtümer von Ihm getrennt. Ich stimme mit Christus in mir ohne Widerworte oder Einwände überein. Und so werde ich zu der Person, die ich wirklich bin – wie Er mich geschaffen hat. Jesus nimmt in mir Gestalt an, und der herrliche göttliche Reichtum, den Er in mich hineingelegt hat, beginnt in Glanz und Pracht hervorzustrahlen.

Während unserer gesamten Reise hier auf Erden finden wir immer mehr in das hinein, was wir schon von Ewigkeit her in Seinem Herzen sind. Wir lernen immer mehr, in der Fülle dieser Realität zu leben. Er hat jeden Einzelnen von uns als Sein Ebenbild geschaffen, damit in einem jeden Leben mehr von Ihm offenbar wird. Er hat unsere Vergangenheit eingefädelt und lenkt unsere gegenwärtigen und zukünftigen Lebensumstände, um uns in diese Fülle hineinzuführen. Sollten wir deshalb nicht voller Eifer mit Ihm zusammenarbeiten und jede Hürde und alle Hindernisse beseitigen, damit wir in das eintreten können, was Er für unsere Herzen bestimmt hat? Wir haben nur einen Augenblick auf Erden, um dieses Geheimnis zu glauben und uns danach auszustrecken. Dann werden wir in alle Ewigkeit bei Ihm sein und in der Fülle unserer Herrlichkeit vor Ihm leben. Möge der Schöpfer persönlich in Seiner göttlichen Schönheit in uns hervorstrahlen, die Er auf einzigartige Weise in jedes einzelne Herz hineingelegt hat.

Jedes einzelne Herz ist ein Fenster zu unserem Bräutigam Jesus, und zusammen als Gemeinschaft der Gläubigen sind wir die Fülle – eine geeignete Gefährtin für den Mann Jesus Christus. Das ist der Schlüssel zur wahren geschwisterlichen Liebe. Wenn jedes Herz eine Offenbarung von dem Wesen unseres Geliebten ist und jeder Einzelne ein Geheimnis Seiner Persönlichkeit in sich trägt, werden wir dann einander nicht voller Eifer und Faszination lieben? Wir werden anfangen, einander nicht aus Pflicht zu lieben, sondern aus der heiligen Erwartung nach größerer Offenbarung von dem Herzen unseres Herrn. «... Damit ihr imstande seid, *zusammen mit allen Heiligen* die Länge und Breite, die Höhe und Tiefe zu ermessen und die Liebe Christi zu verstehen, die alle Erkenntnis übersteigt. So werdet ihr mehr und mehr von der ganzen Fülle Gottes erfüllt» (Eph. 3,17-19).

In der Entdeckung Seiner persönlichen Liebe für unser eigenes Leben dürfen wir nicht etwa annehmen, dass wir die anderen nicht mehr beachten oder von der Frucht ihres Lebens nicht mehr sammeln sollten. Auch wenn Er mich auf eine unbeschreiblich persönliche Weise liebt, bin ich dennoch nur ein *einzelnes* Fenster zu Seinem Herzen. Um weiter in die Erkenntnis Seiner selbst einzutreten, muss ich ebenso in *all* die anderen Fenster und Geheimnisse blicken, die neben mir existieren. Einerseits muss ich Seine Liebe auf eine persönliche Weise empfangen, indem Er zu mir kommt und sich mir zu erkennen gibt. Aber andererseits muss ich zu diesem persönlichen Verständnis all das hinzufügen, was ich an Früchten aus den Gärten anderer finden kann.

Das ist unsere ewige Beschäftigung. Unaufhörlich werden wir neue Einsichten sammeln und neue Offenbarungen von dem Garten Seiner Herrlichkeit gewinnen, weil Er uns in alle Ewigkeit stets mehr von Seiner Majestät offenbart. Durch all die Zeitalter hindurch, die vor uns liegen, wird Er uns Seine Schönheit immer klarer und strahlender offenbaren, und wir werden vor Ihm niederfallen und sagen: «Genug! Das ist zu viel!!!» Gleich darauf aber werden wir uns mit heiligem Verlangen wieder erheben und rufen: «Wir können nicht genug bekommen! Zeig uns mehr von Dir!» Und das wird immer weiter gehen – das ist die ewige Gemeinschaft der Liebe zwischen uns und Ihm!

Persönliche Liebe

Der Herr offenbart sich uns auf verschiedene Weisen. Meistens begegnet Er uns auf der gemeinsamen Ebene durch Sein geschriebenes Wort und durch andere Menschen um uns herum, die uns Seine Liebe offenbaren. Doch im Gegensatz zu dieser kollektiven Enthüllung Seiner selbst gibt es auch eine individuelle Ebene, auf der Gott jedem Einzelnen alleine und ganz persönlich begegnen möchte. Genauso einzigartig, wie Er mich geschaffen hat, so einzigartig ist auch die Art und Weise, wie Er sich mir zuwendet, wie Er zu mir redet und wie Er mir Seine Liebe offenbart. Er hat meine Gestalt geformt und Er kennt all meine Schwächen. Er weiß, was mich stärkt und was mir schadet, was mir Freude bereitet und woran ich verzweifle.

Er kennt mich durch und durch. Auf dem Fundament dieses vollkommenen Verstehens und dieser umfassenden Liebe geht Er mit mir um. Er liebt mich so, wie Er mich geschaffen hat, und will daran in keiner Weise etwas ändern. Vielmehr setzt Er alles daran, mein Wesen zu stärken, zu läutern und hervorstrahlen zu lassen. Er ehrt sich selbst als Schöpfer, wenn Er Seine Schöpfung in einer angemessenen und aufrichtigen Weise liebt. Auch wenn die verschiedenen Abschnitte und Jahreszeiten meines geistlichen Lebens sich wie Ebbe und Flut auf einzigartige Weise abwechseln, so wird doch, wenn ich eines Tages auf die vielen Jahre zurückschaue, der rote Faden erkennbar sein, der den unverkennbaren Ausdruck Seiner Liebe trägt.

Er weiß genau, auf welche Art und Weise wir hören, empfangen und verstehen können. Und dem kommt Er entgegen. Er liebt und steht zu dem, was Er in jedem Einzelnen von uns geschaffen hat. So einzigartig jeder Mensch ist, so einzigartig ist auch die Art und Weise, auf die Er jedem einzelnen Herzen Seine Liebe offenbart. Wir müssen mehr über die «Wege» lernen, die Er mit uns geht, damit wir Sein Handeln mit uns schneller erkennen und Seine Zuwendung und Leitung annehmen können. Sein «Weg» mit mir –

oder die Weise, wie Er sich mir offenbart – entspringt Seiner ganz spezifischen Art, in der Er mich geschaffen hat. Seine Wege mit uns verstehen lernen, beinhaltet, dass wir uns selbst kennen lernen, unseren persönlichen Rhythmus und unsere Veranlagungen. Das ist sehr wichtig, denn Er offenbart sich mir immer innerhalb meiner Begrenzungen und entsprechend der Kapazität meines Herzens und meines Verstandes. Sollten diese spezifischen Details es dann nicht wert sein, von mir erforscht zu werden? Und wenn ich nun tatsächlich tief in mir ein wunderbares Geheimnis von der Person Jesu trage – einen Abglanz Seines wunderbaren Herzens –, und wenn damit jeder Teil meiner Person auf dieses Geheimnis hindeutet, ist es dann nicht weise von mir, einen Blick in die Tiefen meines Wesens und meiner Gestalt zu werfen, um zu erkennen, wie Er mich geschaffen hat? Denn nur so gelange ich zu dem tieferen Verständnis, wie und was Er von sich in mir offenbaren will.

Dies ist allerdings kein innerer Weg zu höherer Selbsterkenntnis oder gesteigertem Selbstbewusstsein. Unser Streben gilt allein der Erkenntnis über Gott, dem wir ähnlich sind. Bei unserer Suche nach Ihm müssen wir nach dem Ausschau halten, was Er in denen verborgen hat, die Er nach Seinem Ebenbild geschaffen hat. Wir dürfen es nicht versäumen, Ihn danach zu fragen, welchen Teil Seiner Person Er in unserem Leben nun offenbaren will.

Auf dieser Entdeckungsreise ist es wichtig für mich, dass ich in der Tiefe meines Wesens übereinstimme, was Gott in mir geschaffen hat. Er hat über mich als ein von Ihm geschaffenes Wesen ausgerufen: «Es ist sehr gut», und jede Einzelheit meiner Beschaffenheit und Wesensart bereitet Ihm Freude. Sowohl die Stärken als auch die Schwächen, die Er mir gegeben hat, tragen zu meinem Wohlgeruch und meiner Anmut bei – und beide müssen von meinem eigenen Herzen und meinem eigenen Denken mit offenen Armen angenommen werden. In diesen Armen der Annahme findet meine Seele Ruhe und Kraft (Ps. 131,2), und ich werde zu einem Menschen, der Frieden vor Seinen Augen gefunden hat (Hohelied 8,10). Ich lasse mich nicht mehr von den Wellen des Vergleichens umhertreiben.

Ich sage *Ja* zu der Herrlichkeit, die Er in mich hineingelegt hat. Ich fange an, mich als das zu lieben, was ich bin – der wunderbare Entwurf des Schöpfers, meines Bräutigams. In dieser tiefen Annahme liegt meine Freiheit, in die Fülle all dessen eintreten zu können, was Er für mich vorbestimmt und bereitet hat.

Persönliche Gemeinschaft

Er verlangt nach mir. Es gibt da eine innige Gemeinschaft, eine «Verbindung», die nur von den Kammern meines Herzens ausgehen kann. Die Erkenntnis Gottes ist für jeden unterschiedlich. Jede Entdeckung über Gott ist eine persönliche Entdeckung, sie ist persönlich auf eine bestimmte Person zugeschnitten und ihr zugeteilt. Deshalb kann sie nicht auf jemand anderen übertragen werden. Eine Seele kann nicht zu einer anderen sagen: «Schau nur, was ich über Gott entdeckt habe! Hier, nimm es für dein eigenes Herz!» Gott offenbart sich ganz individuell und dem einzelnen Herzen entsprechend, und dies auf eine so einzigartige und unverwechselbare Weise, wie es nur der Schöpfer mit Seinem Geschöpf tun kann. In jeder Kammer und jedem Spalt des Herzens lässt Er sich selbst auf ganz wunderbare Weise entdecken. Während dieses Prozesses findet sich jede Seele immer auf sonderbare Weise allein, getrennt von anderen, was die eigene Herzensoffenbarung angeht, aber genau hier erleben wir den verborgenen Ort der Gemeinschaft mit Gott. Hier kann unsere Seele für immer bleiben. Hier kann weder Engel noch Dämon, weder Leben noch Tod noch irgendeine andere Macht uns von Ihm trennen.

Unser Herz wird auf eine einzigartige Weise mit Ihm eins, wie es kein anderer ganz nachvollziehen oder genauso erleben kann. Denn die Offenbarung einer Eigenschaft Gottes wird von jedem von uns in seiner Art und Weise – wie er denkt, fühlt und die Welt versteht – wahrgenommen, und dies ruft in dem einen eine völlig andere Realität hervor als bei jemand anderem, der dieselben

Eigenschaften Gottes entdeckt. Auf diese Art vereint Er sich mit jeder Seele, die Ihn liebt, wie in einer «Ehe». Aber keine Beziehung oder Ehe ist genauso beschaffen wie die andere. Wenn ein Mann im Laufe seines Lebens zweimal verheiratet war, wie grundverschieden werden seine beiden Ehen ausgesehen haben! Obwohl in beiden Fällen der Ehemann derselbe war, so wird doch die Art und Beschaffenheit der beiden Beziehungen ganz unterschiedlich ausfallen. Obwohl Gott derselbe ist – gestern, heute und für immer –, so kann eine Seele Ihn doch nur so erkennen, wie Er sich ihr offenbart. Was der eine über Ihn entdeckt, kann so abweichen von dem, was ein anderer entdeckt – und doch entdecken beide ein Stück Wahrheit.

Jede Entdeckung über Gott ist eine persönliche Entdeckung, sie ist persönlich auf eine bestimmte Person zugeschnitten und ihr zugeteilt.

Unser Schöpfer ist unser Bräutigam (Jes. 54,5). Der Eine, der uns erschaffen hat, hat ein tiefes Verlangen nach uns. So einzigartig wie jede Schneeflocke, die vom Himmel fällt, so einzigartig ist auch jede einzelne Seele, die über diese Erde schreitet. Genauso wenig, wie Er pauschal geschaffen hat, so liebt Er auch nicht pauschal. Die Liebe wollte es so. Er offenbart sich einer Person auf die eine, und einer anderen Person auf die andere Weise.

Er ist der Bräutigam einer jeden Seele, die Ihn liebt, und Er wird es niemals leid, jedes einzelne Herz Morgen für Morgen mit Liebe zu wecken. Für den einen malt Er einen wunderbaren Sonnenuntergang, für einen anderen inszeniert Er ein Gewitter. Für das Herz, das Befreiung braucht, zeigt Er sich mächtig, und einer verwundeten und zerbrochenen Seele offenbart Er Seine unendliche Barmherzigkeit.

Er verhält sich wie ein wahrer Bräutigam, der die Herzen Seiner Braut für sich gewinnen will. Jede kostbare Offenbarung Seiner selbst an das menschliche Herz ist ein göttliches Kunstwerk. Nichts, was Er tut, ist vergeblich. Auf die Leinwand einer jeden Seele malt Er Seine unvergleichliche Liebe. Mit unterschiedlichen Farben und Schattierungen gibt Er Seiner Zuwendung kunstfertigen Ausdruck.

Jede Äußerung Seiner Liebe ist ein Meisterwerk in sich selbst. Mit außergewöhnlicher Sorgfalt und Genauigkeit verflechtet Er jede Seele mit Seinem Herzen. Und so finden wir überall auf der Erde und durch die ganze Menschheitsgeschichte hindurch wunderschöne, individuelle und unverwechselbare Beziehungen zu Gott, und jede von ihnen ist ein Bild des meisterhaften Künstlers, unseres Bräutigam-Gottes.

Der persönliche Weg

«… Ich will zum Berg hinaufgehen …» *Hohelied 4,6*

Wenn der Herr mit Seinen feurigen Augen mich anschaut, dann sieht Er nur mich. Ich stehe ganz allein im Blickfeld Seiner Liebe. Wenn Er mich anschaut, dann stellt Er mich nicht in eine Reihe mit allen anderen, die ebenso ein brennendes Herz für Ihn haben.

Er denkt nur an mich und sieht nur mich. Er hat mein Herz einzigartig geschaffen, und den Weg, der vor mir liegt, hat Er eigens für mich bereitet. Er vergleicht mein Herz oder meinen Weg nicht mit dem eines anderen. Er verlangt danach, das von mir zu empfangen, was nur ich Ihm geben kann – die Nähe, die ich zu Ihm suche, und die Beziehung, die ich mit Ihm pflege. Er wünscht sich, dass ich die Liebe erwidere, die Er mir schenkt.

Er verlangt danach, das von mir zu empfangen, was nur ich Ihm geben kann …

Deshalb gibt es keine größeren Hindernisse für diese wunderbare Nähe zu Ihm, als andere in diesen Garten der Gemeinschaft mit hineinzunehmen. So oft nehme ich die «Gaben» und Vorzüge anderer, und manchmal sogar deren Schwachheiten mit, wenn ich im Gebet vor den Herrn trete. Und das lenkt mich davon ab, mit dem «Alleinigen allein» zu sein.

Es ist nicht einfach, völlig leer und allein vor den Thron der Gnade zu kommen, wo sich nur Gott und mein Herz in aller Schlichtheit begegnen. Sehr oft habe ich bewusst oder unbewusst eine Reihe von

Leistungen und Enttäuschungen, Stärken und Schwächen anderer Leute mit zu Gott gezerrt. Ich habe sogar meine Wahrnehmung von ihrer innigen Beziehung mit Jesus mitgeschleppt, als hätten sie direkt mit mir selbst zu tun. Gefühlsmäßig nahte ich mich dann Gott so, als ob Er gleichzeitig an all die anderen Menschen denkt. Das hat zum Teil mit meiner Furcht zu tun, mit Ihm allein zu sein. Ich würde mich viel lieber in der Menschenmenge aufhalten, weil ich mich dort irgendwie sicherer fühle. Außerdem bin ich es auch gewohnt, mein Leben nach vielen anderen auszurichten, anstatt nur nach Einem. Aber wenn ich nur für *den* Einen lebe und nicht für die Anerkennung von anderen, dann kann ich den Gedanken erfassen, dass Sein Blick ganz allein auf mich gerichtet ist. Er erwartet mich bereits und sieht nur mich, wenn Er mich anschaut. Ich kann nicht den Weg anderer verstehen oder wissen, wie ihr Herz zu dem Ort der Begegnung mit ihrem Gott gelangt. Ich kann nur meinen eigenen Weg und die Regungen meines eigenen Herzens begreifen. Warum also sollte ich weiterhin noch andere in die Kammer mitnehmen, die nur für mich allein bestimmt ist?

So individuell, wie Er jedes einzelne Herz, jede Gestalt und jede Persönlichkeit bereitet hat, so unverwechselbar wird auch der Weg eines jeden mit Gott sein.

So individuell, wie Er jedes einzelne Herz, jede Gestalt und jede Persönlichkeit geschaffen hat, so unverwechselbar wird auch der Weg eines jeden mit Gott sein. In Seiner Allmacht hat Er die Zeiten und Umstände meines Lebens so eingerichtet, dass sie mich in die rückhaltlose Liebe und in die Fülle Gottes für mein Leben hineinführen. Wenn wir versuchen, den Weg eines anderen zu gehen, dann verzögert das nur unsere eigene Reise, denn Gott hat einen ganz bestimmten Weg für jedes einzelne Herz. Mein Weg sieht nicht so aus wie der eines anderen. Während eine Seele eine Zeit des Segens erlebt, geht eine andere gerade durch die Wüste. Das ist eine wichtige Wahrheit, denn so oft verschwenden wir viel Zeit und emotionale Energie, indem wir unser geistliches Leben mit anderen vergleichen, als ob wir unsere Spiritualität aneinander messen könnten.

Wenn wir versuchen, aus einer bestimmten Phase auszusteigen, weil wir die eines anderen als wertvoller erachten, dann haben wir Gottes Wege nicht verstanden. Jede Zeit und jede Phase hat ihren eigenen Wert, und jeder einzelne Tag trägt dazu bei, mich weiter in die Fülle dessen zu bringen, was Er für mich bereitet hat. Ich muss meinen eigenen Weg gehen, denn das ist der einzige Weg für mich. Wenn ich versuche, hier eine Alternative zu finden, verliere ich meinen Weg nur aus den Augen. Wenn ich einen Umweg mache, um zu versuchen, den Weg eines anderen zu gehen, dann ist es genau das: ich mache einen Umweg. Mein Herz wurde für meinen Weg geschaffen, und das ist der Weg zu Seinem Herzen, den Er vor mir ausgebreitet hat.

Er hat meinen Weg ausgewählt, und dieser Weg ist perfekt. Doch mein *Ja* zu diesem Weg und meine unentwegte Zusammenarbeit mit Ihm sind notwendig, um das letztendliche Ziel zu erreichen, das Er für mich vor Anbeginn der Zeit festgelegt hat.

Die Kraft der erfüllten Liebe

Und was, wenn es wahr ist? Was, wenn der Vater und der Sohn tatsächlich auf die Menschheit geschaut haben, als sie auf dem Thron ihrer Herrlichkeit saßen, und Jesus tatsächlich sagte: «Ich werde zu ihr gehen. Mein Verlangen ist zu stark. Ich werde all Meine Herrlichkeit zurücklassen. Ich werde Meinen Thron verlassen. Ich werde Mich in Menschengewänder kleiden und für immer einer von ihnen werden.» Was, wenn Er tatsächlich in den Gewändern eines Zimmermanns kam, damit sie Sein Eigen werden konnte?

Und was, wenn Seine Liebe tatsächlich mir gilt, mir und mir ganz allein? Was, wenn Er tatsächlich keinen anderen an meiner Statt nehmen würde? Was, wenn es tatsächlich einen Platz in Seinem Herzen gibt, aus dem ich entsprungen bin, einen Platz, den Er für mich allein bereitet hat? Was, wenn kein menschliches Wesen auf Erden, weder heute noch morgen von vergangenen oder zukünftigen Generationen, diesen bestimmten Platz in Seinem Herzen ausfüllen kann, den Er für mich bereitet hat?

Was, wenn Er wirklich darauf wartet, dass meine Liebe erwacht? Wenn dem nicht so wäre, hätte Er dann nicht viele geschaffen, die mir genau gleich sind, mit derselben Gestalt, Persönlichkeit und Seele, damit, wenn ich nicht «Ja» sagen würde, ein anderer meinen Platz einnehmen kann? Aber nein, so ist es nicht. In der ganzen Menschheitsgeschichte hat es nie so einen Menschen gegeben wie mich. «Er verlangt nach mir, wie nach keinem anderen» (Hohelied 6,9). Andere sind unwichtig, wenn es um mich und diesen Platz in Seinem Herzen geht. Er verlangt nach mir.

Erfreue Dich an mir

Ich bin den ganzen Tag gerannt. Es scheint eigentlich absurd, fortzurennen, wenn ich gar nichts habe, wohin ich mich wenden kann ... Es ist so, als ob ich der einzigen anderen Person in einem kleinen Raum ausweichen wollte. Aber ich kann nicht mehr fortlaufen. Ich richte meine Augen auf die Augen, die mich den ganzen Tag im Blickfeld hatten, und ich sage: «Nimm mich. Erfreue Dich an mir. Hier ist mein Herz. Hier ist mein Leben. Alles, was ich habe, ist zerbrochen und schwach. Nimm mich, Jesus. Erfreue Dich an mir.»

Oh Jesus, ich kann nur ein Gebet flüstern. Mein Herz ist schwach. Mein Schmerz so stark. Die Gebete von gestern scheinen mir lebendiger gewesen zu sein als die heutigen, und gestern war es schon so trocken und öde. Trotzdem rufe ich Deinen Namen an. Jesus! Du erhebst mein Haupt. Du hältst meine Seele. Du wirst mich durch diesen Tag tragen und ein Lächeln auf meine Lippen zaubern.

Kapitel 6

Schwarz – und doch anmutig

«Schwarz bin ich, und doch anmutig, ihr Töchter Jerusalems, schwarz wie die Zelte Kedars, wie die Zeltdecken Salomos.»

Hohelied 1,5

Es war ein harter, einsamer Tag im Gebet gewesen. Meine Schwester Deborah durchforschte das Wort, doch nichts schien lebendig. Sie erforschte ihr Herz, aber nichts schien sich zu bewegen. Nur Stille. Nur Schweigen. Nur eine einsame Wohnung und eine unfruchtbare Seele. Das Wort schien so trocken und leer. Anstatt glühender Liebe für den Herrn stieg in ihrem Herzen nur ein nagender Schmerz der Einsamkeit auf. Jeder nur denkbare Einwand erhob seine Stimme, und jede Schwachheit trat zutage. Jegliche äußere und innere Schönheit schien ihren Wert zu verlieren, und nur Finsternis blieb zurück. Seine «glühende Liebe» schien weit weg. Ein Leben im Gebet schien so töricht, obwohl sie es gestern noch als so weise und lohnend erlebt hatte. Sie lief umher ... sie setzte sich hin ... sie forschte im Wort ... sie betete laut ... Schweigen. Was war schlimmer – der Schmerz über Sein Schweigen oder die Ernüchterung über die Schwachheit ihrer eigenen Liebe? Es war schmerzhaft, an diesem Ort so auszuharren, ohne nach etwas anderem zu greifen, das ihre Seele «aufmuntern» und sie von diesem öden Ort der Unfruchtbarkeit erlösen würde. Sie sehnte sich nach der Nähe und der Freude, die sie einst erfüllte, aber sie erlebte nichts von dieser wunderbaren Gemeinschaft. Und so wartete sie in der Stille vor ihrem Geliebten, gefangen in ihrem sehnlichen Verlangen. Sie harrte aus in der Stille ... mit einer verzweifelten Seele ... einsam ... allein.

Nachdem sie den ganzen Tag so verbracht hatte und ihre emotionale Energie aufgebraucht war, schien es ihr am besten, aufzugeben und zu Bett zu gehen. Als sie dort im Dunkeln lag, stieg ein letzter Ausruf aus ihrem Herzen empor. Sie erhob ihre Hände zum Herrn und sagte mit all ihrer Liebe und Kraft: «Erfreue Dich an mir. Hier, jetzt, in meiner absoluten Schwachheit, erfreue Dich an mir.» Zum ersten Mal an diesem Tag brach etwas tief in ihrem Innern auf. Tränen flossen von ihrem Herzen, als sie spürte, wie der Herr sie in ihrer absoluten Schwachheit ehrte. Als sie Ihm ihre Leere gab, überströmte Er sie mit Würde. Er berührte ihre schwachen Stellen und schenkte ihr Seine Freude. Dieser Tag hat sie so verändert, dass sie seitdem nicht mehr dieselbe ist. Als sie dort am Ort ihrer totalen Schwachheit von der Quelle Seiner Freude trank, geschah in der Tiefe ihrer Seele etwas Bedeutungsvolles. Sie empfing den Geist der Gnade und Anmut und erlebte so eine der größten Belohnungen des Evangeliums.

«Erfreue Dich an mir. Hier, jetzt, in meiner absoluten Schwachheit, erfreue Dich an mir.»

Wie die Magd im Hohenlied Salomos, so beginnen auch wir unsere Reise hin zur bräutlichen Liebe mit einer entscheidenden Offenbarung. Er bringt uns absichtlich an diesen Ort und bedient sich dabei unserer eigenen Unreife. Auch wenn ein aufrichtiges Verlangen in unseren Herzen nach Jesus brennt, so prallen wir doch unausweichlich gegen die Mauern unserer eigenen Schwachheiten. Unsere Leidenschaft für Ihn ist real. Unsere Aufrichtigkeit ist echt. Aber es fehlt uns an geistlicher Reife. Es dauert nicht lange, bis wir unsere absolute Unfähigkeit entdecken, unseren brennenden Eifer aufrechterhalten zu können. Aber genau an diesem Punkt, an dem wir mit unserem eigenen Unvermögen konfrontiert werden, offenbart Er uns das Paradox Seiner Gnade und wir erkennen: «Schwarz bin ich, und doch anmutig.» Bevor wir irgendetwas anderem auf dieser Reise begegnen können, müssen wir diese Wahrheit verstehen. Er offenbart uns, dass wir ungeachtet unserer Schwachheit und Unreife in Seinen Augen wunderschön sind, weil unser Herz selbst ein deutliches *Ja* zu Ihm gesprochen hat. Wir haben einen willigen Geist, aber unser Fleisch ist schwach (Matth. 26,41). Die Realität von unserer Sündhaftigkeit und Unvollkommenheit kann uns nicht daran hindern, Seine Freude an uns zu erfahren. Denn selbst in diesem Zustand nennt Er uns lieblich und schön, denn Er sieht unser aufrichtiges Verlangen, Ihm mit ganzem Herzen nachjagen zu wollen. Und so erkennen wir, dass bereits das redliche Bestreben zu gehorchen der Anfang unseres geistlichen Sieges ist.

Ein Paradox der Gnade

Wir sind auf einer Reise zur aufrichtigen Liebe. Wir verlangen nach der Fülle der Liebe und nach allem, was Gott unserem menschlichen Herzen nach dem Reichtum der Herrlichkeit Seines Erbes schenken will (Eph. 1,18). Bevor wir auch nur einen Schritt vorwärts gehen können, spricht Jesus diese grundlegende Wahrheit in das Herz eines jeden Gläubigen. Er offenbart uns die Realität, dass wir unverkennbar «schwarz» sind. Einiges von dieser Dunkelheit besteht aus Sünde und Kompromissen, die aus unserem Leben verbannt werden, sobald wir in Einklang mit Seiner Liebe treten. Und einiges unserer Dunkelheit ist Schwachheit, die unserer gefallenen Natur anhaftet, und die erst in der zukünftigen Ära beseitigt werden wird. Aber wenn wir diese Dunkelheit sehen, offenbart Er uns gleichzeitig auch, dass wir in Seinen Augen *schön* und *anmutig* sind, selbst in unserem Wachstums- und Reifeprozess. Er hat Seine Freude daran, wenn wir von Kraft zu Kraft (Ps. 84,8) und von Herrlichkeit zu Herrlichkeit gehen (2. Kor. 3,18).

Zu wissen, dass ich *schwarz, und doch anmutig* bin, bedeutet, meine Schwachheiten zu kennen, die aus meiner Sündhaftigkeit, meiner Unreife und meinen natürlichen Begrenzungen bestehen – und *gleichzeitig* die Offenbarung zu haben, dass ich in Seinen Augen anmutig bin. David gibt diesem Geheimnis in Psalm 86 Ausdruck: «Neige dein Ohr, o Herr, und erhöre mich! Denn ich bin elend und arm. Bewahre meine Seele, denn i*ch bin dein*...» (Vers 1-2).

Wenn Er mich anschaut, dann sieht Er nicht nur das, was schon zur Reife gebracht ist, sondern Er nimmt auch die Tugenden wahr, die in mir noch heranreifen werden. Wenn ich über meine hartnäckige Schwachheit stolpere, überwindet Sein Blick die äußeren Hindernisse und sieht in meinem Geist die innere Flamme des aufrichtigen Verlangens, ganz Ihm gehören zu wollen. Die Feuerflammen in Seinen Augen nehmen die tiefe Sehnsucht in meinem Herzen wahr, ganz Sein Eigen zu sein, und das gehört zu dem, was Er «anmutig» nennt. Er sieht die Dinge in mir, die noch nicht offenbar sind. Für Ihn sind sie jedoch schon Realität. Wenn ich nachts in meinem Bett liege und mich nach dem Sieg über die schwachen Bereiche meines Herzens sehne, dann bewegt Ihn dieses Verlangen sehr und Er hört den *Schrei* meines Herzens.

Wir müssen genau verstehen, wie Gott uns in unserer Schwachheit sieht. Er ist ein Gott von unendlicher Güte und Barmherzigkeit, und Seine Gnade wird nicht durch unseren Mangel erschöpft. Dass Jesus mit Liebe und Freude über jemanden erfüllt sein könnte, der immer noch stolpert und unreif ist, scheint uns völlig unmöglich und ungerechtfertigt. Wir denken, dass diese Art der Zuneigung nur möglich ist, wenn wir vollkommen rein, heilig und gereift sind. Aber die wunderbarste und beste Nachricht aller Zeiten ist, dass Jesus, der Vollkommene, uns völlig schwache und unwürdige Wesen zum Objekt Seiner Liebe gemacht hat. Als wir noch Seine Feinde waren, starb Er für uns, und obwohl wir noch unreif sind, hat Er bereits Seine Freude an uns. Das bedeutet nicht, dass Er sich an unserer Sünde erfreut. Doch Er erfreut sich an dem, der Ihn liebt, auch wenn er noch mit der Hartnäckigkeit der Sünde zu kämpfen hat.

Wir sind noch viel schwächer, als wir meinen, und wir sind auch viel anmutiger, als wir denken, und selbst in unserer größten Schwachheit sieht Gott mehr Schönheit und Anmut, als wir uns je vorstellen können. Unsere Anmut ist kein Attribut, das wir uns durch unsere Bemühungen verdient hätten. Sie ist eine Gabe Gottes. In Seinen Augen sind wir schön, weil Er in uns Sein Werk der Rettung und Erneuerung sieht. Diese göttliche Perspektive ist die Quelle unseres Schutzes gegen die Anklagen des Feindes. Wenn der Verkläger mich mit Anklagen wegen meiner Schwachheiten und meiner Unreife vergiften will, dann antworte ich mit der Wahrheit, dass Jesus sich in meiner Schwachheit an mir freut. Wenn er kommt, um mich zu verführen, in Stolz über meine Schönheit, Anmut und Stärke zu verfallen, dann antworte ich mit der lebhaften Erinnerung an meine Schwachheiten.

Ohne dieses zweifache Bekenntnis unserer dunklen und unserer anmutigen Seite werden wir diese Reise in die Tiefen des Herzens Gottes nicht dauerhaft fortsetzen können. Dieses Paradox muss in unseren Herzen lebendig werden. Wir dürfen diese doppelte Offenbarung in unserem Leben nicht loslassen, denn die Verbindung dieser beiden Seiten schützt unsere Herzen auf unserem Weg zur Liebe. Unsere Anmut schützt uns vor der Scham der Verdammnis, und unsere Schwachheit schützt uns vor Stolz und Arroganz. Beide wirken zusammen zu unserem Besten. Sie befähigen uns dazu, uns uneingeschränkt der Liebe hinzugeben, mit Zuversicht vor Ihn zu treten und nach Seiner Erkenntnis zu streben. In dem zukünftigen Zeitalter werden wir darüber staunen, wie diese zweifache Offenbarung als Anker unseres Herzens diente. Wenn wir dann in vollkommener Herrlichkeit vor Ihm stehen, werden unsere Herzen voller Dankbarkeit überfließen über die Genialität Gottes, mit der Er diese Stärke und diese Schwachheit des menschlichen Herzens miteinander verbunden hat und so das Herz aus der Zerbrochenheit einer gefallenen Welt hoch hinauf in die wunderbare Herrlichkeit Seines ewigen Königreichs aufsteigt lässt.

Die Anmut unseres ganzherzigen Strebens

Wir sind schwarz, und doch anmutig. Wir sind schwach, und doch Seine Freude. Aber diese göttliche Freude über dem Leben eines Gläubigen ist nichts Statisches. Sie entsteht inmitten unseres geistlichen Kampfes und unserer heiligen Nachfolge. Gott hat Seine Freude an uns, während wir diese schwachen Bereiche von Sünde und Kompromissen in unserem Leben mit der Kraft Seiner Liebe ernsthaft zu überwinden versuchen.

Während wir noch gegen die Feinde Gottes in unserem persönlichen Leben streiten und kämpfen, stärkt Er uns mit der Realität Seiner Freude an uns. Sein Wohlgefallen und Seine Freude gilt uns nicht, wenn wir Sünde dulden, sondern wenn wir mit ganzem Herzen der Gerechtigkeit nachjagen. Selbst wenn wir völlig versagen und in unserem Streben elend stolpern, so ist Seine Freude über uns nicht getrübt. Die Freude Gottes kann jedoch nicht von der Aufrichtigkeit unseres Herzens getrennt werden. Wenn ich meine, Gott hat Seine Freude an mir, während ich Sünde und Finsternis in meinem Leben dulde, dann unterliege ich einer großen Verblendung. Denen, die Ihn fürchten, schenkt Er unendliche Gnade und Barmherzigkeit. Aber denen, die Seine Gnade mutwillig missbrauchen und Sünde und Kompromisse dulden, wird Er selbst zum Feind.

Wir haben einen Gott voller hartnäckigem Eifer nach der ganzen Herrschaft über unser Herz. Er ist nicht ein Gott der Geteiltheit, sondern der Fülle.

Während unser Verständnis Seiner Gnade zunimmt, müssen wir uns nicht nur Seine Güte, sondern auch Seine Gerechtigkeit und Strenge vor Augen halten (Röm. 11,22). Das sind die Höhen und Tiefen Seiner Person. Seine Barmherzigkeit hat kein Ende, und Sein Eifer ist unerbittlich. Wir gewinnen große Zuversicht, wenn wir die Gnade und das Erbarmen Gottes inmitten unserer Schwachheit erleben. Und das ist Gottes Wille. Er hat uns geschaffen, dass wir heilig und untadelig vor Ihm in Liebe sein sollen (Eph. 1,4). Aber mit Seiner Güte ist auch Sein Eifer verbunden, der unsere Herzen ganz allein besitzen will. Wir haben einen Gott, der hartnäckig nach der ganzen Herrschaft über unser Herz eifert. Er ist kein Gott der Halbheiten, sondern ein Gott des Vollmaßes. Er ist ein eifersüchtiger Gott (2. Mose 34,14). Er will uns ganz für sich allein. Diese Eifersucht steht in Einklang und ohne Widerspruch zu Seiner Gnade. In Seinem Eifer steht Er unerbittlich dem entgegen, der verborgene Sünde und Kompromisse duldet, aber in Seiner Barmherzigkeit schenkt Er denen unendliche Gnade, die Ihn fürchten und mit aufrichtiger Liebe vor Ihn treten. «Oder meint ihr, die Schrift sage ohne Grund: Eifersüchtig sehnt er sich nach dem Geist, den er in uns wohnen ließ. Doch er gibt noch größere Gnade; darum heißt es auch: Gott tritt den Stolzen entgegen, den Demütigen aber schenkt er seine Gnade» (Jak. 4,5-6).

Er nennt denjenigen anmutig und schön, der Ihn von ganzem Herzen sucht, vor der Finsternis flieht und dem Licht nachjagt.

Während der gesamten Reise und auf allen Abschnitten unseres Reifeprozesses anerkennt er uns als schön und wohlgefällig. Er sieht so, wie Menschen nicht sehen. Er misst Erfolg an einem Maßstab, den wir nicht fassen können. Was der Mensch als erbärmlich bezeichnet, bezeichnet Er als schön, und was der Mensch als klein ansieht, ist in Gottes Augen mächtig. Er selbst ist schön, und deshalb ist Seine Definition von Schönheit die einzig wahre. Was Er als anmutig und schön bezeichnet, ist tatsächlich auch schön und anmutig, selbst wenn die ganze Welt anderer Meinung wäre.

Die Wahrheit über meine Schönheit empfangen

Die göttliche Schönheit des Herzens eines Gläubigen entspringt aus mehreren Quellen. Die erste Quelle ist Gott selbst, der Ozean Seiner Persönlichkeit. Aufgrund des Herzens unseres Betrachters sind wir schön vor Ihm. Seine Sicht von Menschen fließt aus dem Strom der Freude in Seinem eigenen Herzen. «Der Herr hat an seinem Volk Gefallen ...» (Ps. 149,4). Seit Anbeginn der Schöpfung ist Sein Herz mit Freude gefüllt, und aus dieser Freude heraus hat Er Gefallen an allem, was Er im Menschen geschaffen hat, und Er hat es als *sehr gut* bezeichnet. «... da war ich als Werkmeister bei ihm. Ich war seine Freude Tag für Tag und spielte vor ihm allezeit. Ich spielte auf dem Erdkreis, und meine Freude war es, bei den Menschen zu sein» (Spr. 8,30-31).

Ich habe bereits erwähnt, dass die Schönheit des gläubigen Herzens eine Gabe Gottes ist. Dieses Geschenk ist die Errettung. Unsere Schönheit vor Ihm fließt aus der Gerechtigkeit, die unser Geliebter für uns durch Seinen Tod am Kreuz erkauft hat.

«Er hat den, der keine Sünde kannte, für uns zur Sünde gemacht, damit wir in ihm die Gerechtigkeit Gottes würden» (2. Kor. 5,21). Aus Ihm fließt Rettung, und aus Seiner Freude und Seinem Verlangen nach Menschen krönt Er Seine Feinde mit Heil und Rettung. Durch die Mühsal Seiner eigenen Seele und nicht durch etwas, was wir selbst vollbracht hätten, hat Er uns in Seine eigenen wunderschönen Kleider der Gerechtigkeit gehüllt. «... Die Gebeugten krönt er mit seinem Heil» (Ps. 149,4).

Der willige Geist, den Er einem jeden von uns bei der Wiedergeburt geschenkt hat, ist eine weitere Quelle Seiner Freude an uns. Es ist das *Ja* in unserem Geist, bevor wir nach außen hin überhaupt etwas verändert haben. «... Der Geist ist willig, aber das Fleisch ist schwach» (Matth. 26,41). Der Herr schaut auf das Herz des Menschen und nimmt seine Entscheidungen für Ihn wahr, bevor sie nach außen hin sichtbar werden.

Neben diesen gewaltigen Realitäten fließt Seine Freude an uns auch aus dem ewigen Strom unserer Berufung als Braut von Gottes geliebtem Sohn. Mit anderen Worten: Er hat sich dazu verpflichtet, Seinem Sohn eine gleichwertige Partnerin voller Liebe für Ihn zu schenken, und Er hat große Freude an dem, was Er hervorbringen wird, um die Verheißung an Seinen Sohn zu erfüllen. «Um Zions willen kann ich nicht schweigen, um Jerusalems willen nicht still sein, bis das Recht in ihr aufstrahlt wie ein helles Licht und ihr Heil aufleuchtet wie eine brennende Fackel» (Jes. 62,1). Wir sind Sein Erbe, und in uns wird Er das Resultat Seiner Mühen sehen und sich sättigen (Jes. 53,11). Für ewig werden wir die geschmückte und erhobene Braut in den Armen des Lammes Gottes sein. Oh, wie anmutig wir vor Ihm sind! Oh, wie schön sind wir in Seinen Augen! Die so wertgeschätzte und auserkorene Braut des ewigen Königs.

Ein sehr wichtiger Abschnitt unserer Reise besteht darin, dass wir lernen, unsere Schönheit und Seine Freude anzunehmen, besonders wenn wir im vollen Bewusstsein über unsere dunklen Orte sind. Es reicht nicht aus, Seine Freude über mich in guten Zeiten zu kennen oder nur dann, wenn ich mich stark fühle. Denn in dem Moment, in dem ich mit meiner Schwachheit konfrontiert bin, verzage ich und gehe davon aus, dass ich mich selbst disqualifiziert habe. Wenn wir kontinuierlich geistlich wachsen wollen, brauchen wir diese Offenbarung, dass wir schön und anmutig vor Gott sind, während wir noch mitten in dem Prozess stehen, die dunklen Sphären unseres eigenen Herzens zu entdecken. Wenn wir Ihm unsere Arme weit öffnen, während sich noch die Schatten unserer Schwachheit über uns beugen, dann bricht die verwandelnde Kraft und Herrlichkeit Seines Heils in die dunklen Bereiche unseres Lebens ein und beginnt, unser gebrochenes Verständnis über Sein Wesen zu erhellen. Wir fangen an zu erkennen, dass unsere Anmut und Schönheit vor Ihm nicht an unseren Erfolg oder unser Versagen gebunden ist, sondern an Seine eigene Definition. Wir beginnen, in der Liebe Christi gewurzelt und gegründet zu werden (Eph. 3,17).

Die Anmut eines offenen Herzens

Auf meiner eigenen Reise durfte ich sehr stark erleben, dass ich in meiner Schwachheit geliebt bin – durch meinen wunderbaren Mann Matthew. Ich habe das Vorrecht, mit einem irdischen Ehemann verheiratet zu sein, der sich von Anfang an mit dem Himmlischen Bräutigam eins gemacht und gesagt hat: «Jesus, wie können wir ihr Herz gewinnen und es mit Liebe erfüllen?» Welch wunderbare Position es ist, sich am empfangenden Ende dieses Trachtens zu finden! Ich erinnere mich noch an den Schmerz der ersten Male, als Matthew die «Dunkelheit» in meinem Herzen zu sehen begann. Unterbewußt hatte ich mir zum Ziel gesetzt, in seinen Augen vollkommen zu bleiben, und ich war fest entschlossen, meine Fehler niemals zu zeigen. Deshalb war meine erste Reaktion auch, dass ich meine Schwachheit verdecken und vor ihm verbergen wollte. Ich wollte die dunklen Bereiche meines Herzens nicht offen vor ihm ausbreiten, denn ich fürchtete, dass er mich weniger lieben oder mich anders sehen würde.

Ich erinnere mich noch an einen dieser Tage, als meine Emotionen sehr finster, fleischlich und sündhaft waren. Ich wollte meinem Mann gegenüber meine Gefühle nicht äußern, weil sie so scheußlich und alles andere als heilig waren. Ich hoffte, dass ich dem Thema ausweichen konnte, bis ich wieder aus diesem dunklen Loch heraus war. Er fragte mich: «Wie fühlst du dich? Sag mir, was in deinem Herzen vorgeht.» Als ich zögerte und versuchte, der Frage auszuweichen, sagte er etwas, was ich niemals vergessen werde: «Dana, nicht der Inhalt dessen, was du mir sagst, bestimmt deine Schönheit in meinen Augen, sondern *dass du mir dein Herz öffnest.* Es ist das *Ja* in deinem Herzen, ganz mein zu sein. Die Tatsache, dass du mir die Geheimnisse deines Herzens offenbarst und mich einen Blick in die Tiefe deiner Seele werfen lässt – das ist in sich schon wunderschön!»

Die Liebe unseres ewigen Bräutigams geht weit über diese irdische Widerspieglung hinaus. Er schenkt unseren Herzen Wert und Würde, wenn wir Ihm ganz gehören wollen. Er nennt dies einen «willigen Geist». Er sieht außergewöhnliche Anmut in unserer Entscheidung, uns Ihm zu nahen, wenn wir am liebsten davonlaufen und unsere finsteren Stellen vor Ihm verbergen wollten. Er erachtet diese Entscheidung als anmutig und schön, und Er sieht durch unsere gegenwärtige Schwachheit hindurch an den fernen Horizont reifer Liebe, die mit voller Kraft hervorstrahlt.

Das ist genau das Gegenteil von dem, was wir von Ihm erwarten. Es widerspricht genau dem, was wir über Sein Wesen glauben. Wir meinen, Er sei betrübt und enttäuscht und nähme uns nur zögernd auf, weil wir ja noch schmutzig sind. Es fällt uns gar nicht leicht, unsere eigene Zerbrochenheit vor Seinen durchbohrenden Blick zu bringen und so vor Ihn zu treten, wie wir sind. Wir neigen dazu, uns von Ihm in Scham zurückzuziehen und zu denken, dass das auch das ist, was Er für das Beste hält.

Unsere Übereinstimmung mit Seiner Liebe mitten in diesem Reifeprozess ist der Höhepunkt unserer Reise des Heils.

Wir reden uns ein, dass wir uns Ihm erst wieder nahen können, wenn wir alles in Ordnung gebracht haben und uns Seiner Liebe wieder würdig fühlen. Doch während dieser ganzen Zeit schaut Er mit festem Blick auf uns und bittet uns: *«Öffne Mir dein Herz. Ich weiß, dein Fleisch ist schwach, aber Mein Herz ist von deinem willigen Geist berührt. Das Öffnen deines Herzens, dein Zugehen auf Mich gerade dann, wenn du mit deiner eigenen Schwachheit konfrontiert bist, ist in Meinen Augen wunderschön.»*

Wenn wir uns aus dem Loch unserer Dunkelheit heraus nach Seiner Liebe ausstrecken, dann ist dies ein Zeichen dafür, dass wir ein wahres Verständnis für das Herz unseres Geliebten entwickelt haben. Wenn wir dieses Risiko eingehen, dann drücken wir damit unser Vertrauen in die Kraft Seiner Liebe und in die Gewissheit Seines Gefallens an uns aus. Erst wenn wir uns darin geübt haben, werden wir anfangen, von den tiefsten Quellen des Heils zu trinken. Unsere Übereinstimmung mit Seiner Liebe mitten in diesem Reifeprozess ist der Höhepunkt unserer Reise des Heils. Wenn ich Ihm mein Herz öffne, ungeachtet dessen, was sich darin befindet, dann nehme ich die wahre Position der Gemeinschaft als Braut ein und empfange das wahrhafte Werk der Erlösung.

Aus meinem Eifer für Ihn und dem Verlangen, Ihm ganz zu gehören, erhebe ich mich als auserwählte Braut und empfange mein Erbe Seiner Freude an mir. Das ist *mein Teil,* denn Er ist nicht der Einzige, der für diese Gemeinschaft eifert. Ich erhebe mich und rufe: «Ich bin Dein, und ich werde alles mit Dir teilen, was in meinem Herzen ist. Ich *will* Dein sein!» Wenn ich das tue, dann arbeite ich im Kampf um mein eigenes Herz mit Ihm zusammen. Voller Zuversicht trete ich vor den Thron der Gnade, öffne meine Arme und sage: «Hier bin ich, Deine Geliebte. Erfreue Dich an mir!»

Unnötige Distanz

Wie viele unzählige Stunden habe ich verschwendet, indem ich mich von dem Einen, der mich liebt, distanziert habe? Ich erinnere mich noch daran, dass ich in meiner Jugend jeden Sonntag im Gottesdienst saß und meine Stellung vor Ihm ausgelotet habe. Ich beurteilte meine Nähe zu Gott danach, wie viel Zeit ich mit Ihm verbracht und welche guten Taten ich in den letzten Tagen vollbracht hatte, um Ihm zu gefallen. Wenn ich mit beiden Kategorien in meinem Leben zufrieden war, dann trat ich mit Zuversicht vor Ihn. Wenn ich jedoch entsprechend meiner Selbstbeurteilung versagt hatte, was viel öfter vorkam, dann ging ich mit meinem Herzen so lange auf Distanz zu Ihm, bis ich auf meiner «Liste von guten Taten» wieder genug Punkte gesammelt hatte, die mir den Zutritt zu Ihm wieder erlaubten. Ich betete dann meistens: «Herr, ich kann jetzt nicht vor Dein Angesicht treten. Ich werde zum Gottesdienst gehen und irgendwo in der Menge sitzen, aber ich kann Dir nicht nahe kommen, bis ich mich wieder Deiner Gegenwart würdig fühle. Bis dahin werde ich hier bleiben und die Distanz aushalten.»

Auf der einen Seite unserer falschen Selbstbeurteilung finden wir ein Gefühl der Genugtuung, das auf falschen Werten basiert. Wir haben ganz falsche Vorstellungen davon, warum uns der Zugang zu Ihm ermöglicht wird, und aufgrund dieser falschen Vorstellungen gewähren oder verwehren wir uns den Zugang zu Ihm. Wenn wir denken, dass wir erfolgreich waren, weil wir viel Zeit mit Ihm verbracht und viele gute Dinge getan haben, dann stärken wir unser falsches Fundament und nähren unsere falschen Vorstellungen von

Seinem Wesen. Wir nahen uns Ihm, weil wir denken, wir hätten das Richtige getan und Gottes Kriterien damit erfüllt. Auf der anderen Seite, wenn wir mit der Realität unserer eigenen Schwachheit und Sünde konfrontiert sind, kreieren wir eine einseitige Distanz in unserer Beziehung zu Gott. Wir kehren Ihm den Rücken zu und versuchen, uns wieder zu reinigen und unsere Fehler durch gute Werke wieder wett zu machen. Wir bringen unsere eigenen Leistungen zum Altar, als ob der Sieg Seines Kreuzes nicht genug wäre.

Wenn wir auf unserer geistlichen Reise stolpern und versagen, verlieren wir leicht den Blick für unsere vollkommene Annahme und die *Freude*, die Gott mitten in unserer Schwachheit an uns hat. Wir beurteilen unsere Nähe zu Ihm auf der Basis eines falschen Wertesystems und verwehren uns so die Gabe, für die Sein Blut bereits bezahlt hat. Die Wahrheit ist, dass Er mir nicht aufgrund meiner eigenen Gerechtigkeit Zugang zu Seiner Gegenwart gewährt oder verwehrt, sondern aufgrund Seines vollendeten Werkes am Kreuz. Weil ich in Seine eigene Gerechtigkeit gekleidet bin, habe ich zu jeder Zeit freien, uneingeschränkten Zugang zu Seinem Thron der Gnade und kann voller Zuversicht vor Ihn treten. Durch das Blut Jesu bin ich frei, und es gibt nichts, was ich aus eigener Kraft vor Gott bringen könnte, das Ihn zur Vergebung bewegt. Er will mich mit Seiner eigenen Liebe füllen, die in Ihm lebt, und diese Liebe ist unabhängig von *meiner* Erwiderung.

In solchen Krisenzeiten gestehen wir uns unsere rechtmäßige Errettung zwar zu, aber wir verwehren uns die Nähe zu Ihm. Diese Nähe zu Ihm scheint uns zu wunderbar, angesichts dessen, was wir verdienen. Wir meinen, dass Sein Gefallen und Seine Freude nur den reifen und heiligen Gläubigen gilt, und dass wir nur die Nähe zu Ihm erleben können, wenn wir ihrer würdig sind. Irgendwie stellen wir uns vor, dass wir Gott einen Gefallen tun, wenn wir in unserer Strafzelle sitzen, bis wir unsere Zeit abgesessen und den Preis für unser Versagen bezahlt haben. Wir halten Distanz zu Ihm und lassen es zu, dass unsere Herzen vor Ihm emotional gelähmt werden.

Obwohl wir wissen, dass das Kreuz für die Vergebung von Sünden ist, vernachlässigen wir den Zugang zu Seiner Nähe, die Christus den Gläubigen erkauft hat, die immer noch mit Sünde kämpfen. Die Kraft der Erlösung lag in dem ruhmreichen Zerreißen des Vorhangs, der die Schwachen von dem Großen Hohenpriester trennte. Er hat den Vorhang entzweigerissen, damit ich mich Ihm frei und ohne Hindernis nahen kann. Wenn wir uns die Nähe zu Ihm verweigern, dann verweigern wir uns die Kraft der Erlösung. Er hat den Preis für meine Sünde bezahlt, damit ich für immer in Seiner Nähe und in Seinen offenen Armen leben kann. Er hat den Weg für mich bereitet, auf dem ich für immer mit Ihm als Sein ewiger Partner – die geschmückte, geliebte und gekrönte Braut des Lammes – vereint sein kann.

Obwohl wir wissen, dass das Kreuz für die Vergebung von Sünden ist, vernachlässigen wir den Zugang zu Seiner Nähe, die Christus den Gläubigen erkauft hat, die immer noch mit Sünde kämpfen.

Es ist mehr als unnötig, mich auf Distanz zu begeben. Es ist Sünde, und es ist eine der hinterlistigsten Arten, wie Satan unsere Herzen beraubt. Wenn wir uns so verhalten, dann akzeptieren wir die Lüge, dass unsere Schwachheit größer ist als das Werk der Erlösung. Wir stehen Gott selbst im Wege, wenn wir unsere Selbstbeurteilung höher ansehen als das Urteil Gottes. Wir tun Ihm keinen Gefallen, wenn wir uns von Ihm distanzieren. Vielmehr verwehren wir Ihm die Nähe, für die Sein Blut bezahlt hat. Er ist ein Bräutigam, der mit großem Eifer und Verlangen nach Seiner Braut auf die Erde kam, um unsere Stellung als Sein ewiger Partner zu erkaufen. Er wünscht sich zutiefst, dass wir, Seine ersehnte Braut, uns Ihm aufgrund unserer Position in der Gnade und aufgrund des brennenden Feuers der Liebe in Seinem Herzen mit Freimütigkeit nahen. Er wünscht sich, dass wir so zu Ihm kommen, wie wir sind, und Ihm nichts bringen, außer das wunderbare Werk der Rettung und den Reichtum der Erlösung. Er hat uns mit den Kleidern der Gerechtigkeit bekleidet – mit den gleichen herrlichen Gewändern, die Sein Sohn Jesus trägt. Wenn wir mit unserer Schwachheit konfrontiert werden, können wir unsere Stimme mit dankbarem Herzen erheben und sagen: «Hier bin ich! Deine Geliebte! Ich bin Dein Eigen!» Anstatt uns in Scham und Verdammnis zurückzuziehen, stehen wir fest in der Wahrheit unserer Identität, die wir durch das Blut Jesu haben. Mit Herzen voller Zuversicht rufen wir zusammen mit dem Psalmisten: «Wie kann ich dem Herrn all das vergelten, was er mir Gutes getan hat? Ich will den Kelch des Heils erheben und anrufen den Namen des Herrn. Ich will meinem Herrn meine Gelübde erfüllen, ja, vor seinem ganzen Volk» (Ps. 116,12-14). Und mit atemberaubender Liebe antwortet Er mir: «Du bist so schön in Meinen Augen! Auch wenn du zerbrochen und schwach bist, sehe Ich dich in strahlendem Glanz, weil Ich dich in die Kleider Meines Sohnes gehüllt habe.»

An dem Punkt meiner völligen Schwachheit, wenn ich das volle Gewicht ihrer Macht verspüre, will Satan mir einflüstern, dass das Wohlgefallen Jesu seine Grenzen hat und Er mich unmöglich noch anmutig und schön finden kann. Er will mich dazu verleiten zu denken, dass meine Schwachheit mich disqualifiziert hat. Ich bin die einzig Schwarze, die von Gottes Gefallen und Freude ausgenommen ist. In solchen Zeiten erscheinen mir meine Sünden und Schwachheiten so finster. Ich führe mir die Tiefen ihres Abgrundes vor Augen. Aber dann, wenn ich am Boden dieses Abgrundes angelangt bin, sehe ich dort das Lamm Gottes, Jesus Christus.

Er ist ganz unten, unterhalb meiner Sünde und meiner Schwachheiten. Er trägt sie auf Seinen Schultern. Es gibt keinen Ort der Schwachheit oder Sünde, der tiefer liegen könnte als die Tiefe Seiner vergebenden Gnade. Es gibt keine einzige Dunkelheit, die uns anhaften und von der Gabe der Erlösung ausschließen könnte. Es gibt keinen Liebhaber, dessen Schwachheit tiefer gehen würde als die Tiefen, in die Er bereits hinabgestiegen ist.

Mein schwaches Herz ist wunderschön vor Gott. Ich bin angenommen. In meiner Schwachheit bin ich Seine Freude. Ich bin geliebt, gekrönt, wertgeschätzt und gewollt, gerade jetzt, so wie ich bin. Auch wenn Unreife auf meiner Reise stets wieder ihr Haupt erhebt – solange ich meinen Weg hin zur Liebe nur treu weitergehe, sieht Er immer das Aufblühen des Verlangens in meinem Herzen und nennt es anmutig und schön. Das ist meine Zuversicht und mein Lied, wann immer ich auch mit meiner Schwachheit konfrontiert bin. Wir begeben uns in eines der größten Geheimnisse der Erlösung, wenn wir anfangen, diese Realität zu berühren. All jene, die sich als geliebt und rein wissen, die mit Würde und Verlangen überströmen, sind frei von Angst und hartnäckig in der Liebe. Nur wenige berühren jemals diesen Ort der Würde, aber die, die es tun, sind die Mächtigsten auf Erden. Sie sind die strahlenden, brennenden Lichter durch die Geschichte hindurch, die über die Feinde ihrer Seelen triumphiert haben und in der Wahrheit ihrer Berufung und Bestimmung leben.

Er leitet unsere Herzen auf dieser Reise, die das Paradox der Gnade beinhaltet. Und als Erstes gibt Er uns einen Vorgeschmack des Verlangens nach mehr von Ihm. Es ist uns kein fremder Geschmack, denn eigentlich kennen wir ihn schon, seit wir über diese Erde schreiten. Aber in der Sphäre dieser neu erweckten Liebe zergeht er uns frisch und köstlich auf der Zunge. Unser Bräutigam macht uns wieder neu mit dem Begleiter des Verlangens bekannt, dem wir immer wieder auf unserer Reise begegnen werden.

Sehnsüchtiges Herz

Ein sehnsüchtiges Herz und eine Seele voller Schmerz
warten auf meinen Geliebten.
Sie versuchen, der Verzweiflung zu wehren
und sich an die Ewige Hoffnung zu klammern.
Oh Jesus, Du wunderbarer König.
Du Geliebter in Deinem göttlichen Glanz.
Mein Herz, mein Herz, mein Herz voller Schmerz
wünscht sich nur, ganz Dein zu sein.
Hältst Du mich fest, so wie Du es zugesagt hast?
Lässt Du mich nicht los, so wie Du es versprochen hast?
Werden Fluten uns niemals trennen?
Wird meine Sehnsucht bald gestillt sein und enden?
Sehnsucht, mein Brot, meine Tränen und mein Trank,
ich suche meinen Horizont ab nach Dir.
Ich warte, ich warte, und immer noch warte ich.
Mein Geliebter wird Sein Wort halten.
Sei nicht fern, oh, welch schmerzlicher Gedanke.
Komm schnell zu meiner Seele.
Lass es regnen, lass es Licht werden,
warte nicht länger und bring meiner Seele Heil.
Mein Geliebter ist mein und ich bin Sein.
Oh, Seine wunderbaren Arme.
Des Nachts träume ich von Ihm, am Tage schaue ich aus,
um nur einen Blick von Seinem herrlichen Angesicht zu ergattern.
Ein sehnsüchtiges Herz und eine Seele voller Schmerz,
das ist das einzige Opfer, das ich Dir bringen kann.
Ich will nur Dich –
dafür allein lebe ich.

Kapitel 7

Sehnsucht

«Vater, ich WILL, dass alle, die du mir gegeben hast, dort bei mir sind, wo ich bin. Sie sollen meine Herrlichkeit sehen, die du mir gegeben hast ...»

Johannes 17,24

Wenn wir uns mit dem Thema der großen Sehnsucht befassen, die immer mit der Liebe einhergeht, dann müssen wir mit der *Sehnsucht Gottes* beginnen, denn Gott ist die Liebe selbst. Wir haben Sehnsucht, weil Er Sehnsucht hat, und jegliches Verlangen in unserem Herzen hat seinen Ursprung in Seinem eigenen Herzen. Unser Gott ist ein Gott, dessen Herz mit Liebeskummer für die Menschheit gefüllt ist. «Denn des Herrn Teil ist sein Volk» (5. Mose 32,9). Diesem Verlangen hat Gott in der Tiefe Seines Wesens einen ganz bestimmten Platz gegeben. Seine Sehnsucht ist jedoch keine Sehnsucht, die aus Bedürftigkeit oder Mangel hervorgeht. Er selbst ist die Liebe, und Er liebt nicht, weil Ihm Liebe fehlt, sondern weil Er die Liebe *ist*. Seine Sehnsucht ist nicht davon bestimmt, eine eigene Leere auszufüllen, sondern all jene in die Fülle Seiner Gegenwart zu bringen, die Er liebt. Der Wunsch Seines Herzens steht fest: Er will Seine Geschöpfe in die Vertrautheit mit hineinnehmen, die der Vater, der Sohn und der Heilige Geist miteinander teilen. Er möchte uns unbedingt in die Fülle Seiner Liebe hineinführen.

Als Jesus sagte: «Vater, Ich will, dass alle, die Du Mir gegeben hast, dort sind, wo Ich bin», gab Er dem Verlangen Gottes Ausdruck, das bereits von Ewigkeit her in Seinem Herzen war – dass die Menschen bei Ihm wohnen und an der Gemeinschaft der Gottheit teilhaben sollen. In Seiner ewigen Güte hat Er gewollt, dass wir dort sind, wo Er ist: in der Wohnung Seiner ewigen Liebe. Aber Er zwingt uns nicht zu dieser Gemeinschaft. Er wartet, bis wir Ihn wollen. Er wartet darauf, dass wir nach Ihm verlangen. Er gibt uns Raum, uns selbst für diese Gemeinschaft zu entscheiden.

Er wartet, bis wir Ihn wollen. Er wartet darauf, dass wir nach Ihm verlangen. Er gibt uns Raum, uns selbst für diese Gemeinschaft zu entscheiden.

Mit Seinem verwundeten Herzen der Liebe wartet Er auf etwas, was nur wir Ihm geben können, denn Er hat sich selbst in diese Position gebracht, von unserer freien Entscheidung abhängig zu sein. «Aber die Stunde kommt und sie ist schon da, in der die wahren Anbeter den Vater anbeten werden im Geist und in der Wahrheit; denn so will der Vater angebetet werden» (Joh. 4,23). Er sucht nach Anbetern. Er sucht nach freiwilligen Liebhabern. Danach sehnt Er sich. Danach hungert es Ihn. Seine Augen schweifen über die ganze Erde und suchen nach Herzen, die Seinen Bund der Liebe halten (2. Chr. 16,9). Er verlangt danach, dass wir Ihm dorthin folgen, wo Seine Liebe lebt.

Das Echo der göttlichen Liebe

Jedes Verlangen in uns nach Gott hat seinen Ursprung in dem erhabenen Verlangen Gottes. Jesu Ausruf des Verlangens: «Vater, Ich WILL» ist wie ein Raum, in dem jedes einzelne Verlangen unserer Herzen wohnt. Denn wir verlangen nach Gott, weil Er zuerst nach uns verlangt hat. Wir sehnen uns nach Ihm, weil Er sich nach uns sehnt. Unser Verlangen nach Ihm stammt nicht aus unserem eigenen Herzen, sondern aus Seinem. Wir wurden als Sein Ebenbild geschaffen, und wir verlangen nach Ihm, weil Er uns mit dem brennenden Verlangen Seines eigenen Herzens berührt.

Wenn wir nach Gott verlangen, dann sagen wir *Ja* zu der Einladung, mit dem Verlangen Gottes eins zu werden. Wenn jede Sehnsucht nach Ihm ihren Ursprung in Seinem eigenen Herzen hat, dann bedeutet unser Verlangen nichts anderes, als Gemeinschaft mit Seinem Herzen zu haben. Wenn wir nach Ihm verlangen, dann haben wir Teil an Seinem Verlangen, und wenn wir in das Erbe unserer Sehnsucht nach Gott eintreten, dann werden wir nur Teilhaber an dem, was schon seit jeher in Seinem Herzen brennt. Unsere Herzen treten in Einklang mit Seinem Herzen.

Er ist sowohl die Sehnsucht als auch die Fülle der Liebe. Der Eine, der das Verlangen ist, stillt es auch. In Ihm ist sowohl die Wunde als auch die Heilung. Genauso wie unser Hunger auf Ihn zurückgeführt werden kann, genauso ist es auch mit unserer Erfüllung. Er lässt uns verzweifelt nach Ihm dürsten, und Er schenkt uns das Wasser, das unseren Durst stillt. Wir haben Teil an Seiner Sehnsucht, und wir haben Teil an Seiner erfüllenden Antwort darauf. Er will, dass wir in Liebe mit Ihm verbunden sind und in der ewigen Freude Seines Wesens gesättigt werden. Deshalb führt Er uns an diesen Ort des Verlangens. Wir sehnen uns danach, dort zu sein, wo Er ist. Unsere Herzen rufen aus: «O Herr! Ich sehne mich so sehr nach mehr von Dir! Ich will Dich kennen, so wie Du mich kennst!!!»

Und mit jeder Stimme unserer Sehnsucht hallt Gottes eigenes Herz wider. Wir verlangen nur nach dem, was Er zuerst verlangt hat. Wir stehen in diesem Raum der großen Sehnsucht und trinken von dem Strom Seiner Freude. «Vater, ich will.» Und gewiss, Er wird uns hören. Wenn jedes Verlangen nach Gott von Ihm selbst kommt, wird Er uns dann nicht die Erfüllung in Ihm selbst geben? Wenn Er das Verlangen selbst ist, wird Er dann nicht auch der sein, der es stillt? Wenn Er der Durst ist, wird Er dann nicht auch das Lebendige Wasser für uns sein?

Das Geschenk der Sehnsucht

Nachdem ich eines Abends im Gebetsraum des *International House of Prayer* viele Stunden im Gebet vor Gott verbracht hatte, war ich völlig frustriert und entmutigt. Wieder einmal war Er nicht gekommen, wo ich doch so nach Ihm verlangt hatte. Bittere Tränen flossen über mein Gesicht, als ich ins Auto stieg. Plötzlich stand eine Freundin neben meinem Fenster. Ich erklärte ihr meinen Schmerz, dass ich so sehr nach dem Herrn verlangt hatte, Er sich mir aber einfach nicht offenbarte. Zu meiner Überraschung glitt ein sanftes Lächeln über ihr Gesicht. Sie lehnte sich zu mir herein und flüsterte: «Es geschieht gerade. Du liebst Ihn! Du liebst Ihn so sehr, dass du weinst. Dein Herz ist so mit Liebe erfüllt, wie du es von Ihm erbeten hast.» Diese unerwartet klare Einsicht traf mich wie ein Schlag. Ich erinnerte mich an das Gebet, das ich den ganzen Tag über gebetet hatte: *«Herr, füll mein Herz mit Liebe für Dich. Füll dieses Herz mit Liebe für Dich.»* Und plötzlich erkannte ich, dass meine Sehnsucht Seine Antwort auf meine Bitte war. Meine Tränen, die ich gerade vergossen hatte, waren Tränen der Liebe für Ihn, genau das, worum ich gebetet hatte. Ich liebte Ihn in meiner Sehnsucht. Mein Herz fing an, tatsächlich von Liebe ergriffen zu werden. Diese Liebe ließ mein Herz weich werden und ich spürte, wie in mir Liebe für meinen Geliebten zum Leben erwachte.

Unsere Reise beginnt mit einem sehnsüchtigen Verlangen. Und bevor wir diese Sehnsucht haben, drängt uns das Verlangen, uns nach Ihm zu sehnen. Es ist der Wunsch, nach Ihm verlangen zu können. Wir finden in unseren Herzen ein Erwachen vor, das die *Tür* für das Verlangen *öffnet* und den Weg für die Sehnsucht bahnt. Der Herr selbst zieht all jene zu sich, die Ihn lieben. Wir sehnen uns plötzlich danach, nach Ihm zu verlangen, denn die gegenwärtige Oberflächlichkeit unserer Herzen ist uns eine Qual. Er erweckt uns zu großer Leiden-

Unsere Reise beginnt mit einem sehnsüchtigen Verlangen. Und bevor wir diese Sehnsucht haben, drängt uns das Verlangen, uns nach Ihm zu sehnen.

schaft für Ihn, und so spüren wir diesen neuen Schmerz in unserer Seele: unseren Mangel an Liebe und unsere Herzenshärte. Plötzlich sehnen wir uns danach, nach Ihm zu hungern und zu dürsten. Der Wunsch, uns nach Ihm zu sehnen, geleitet uns zur Sehnsucht selbst. Sie ist die von Gott gegebene Tür zur wahren Gabe Gottes, mit unserem ganzen Wesen nach Ihm zu verlangen.

Dieses Verlangen nach Gott ist ein Zeugnis Seiner selbst. Sehnsucht ist das Echo der Ewigkeit in unserer Seele. Das ist es, was uns zur Seite nimmt und zu Pilgern auf der Reise macht. Diese Welt ist nicht unser Zuhause, und unser innerer Schmerz zeugt von der Nichtigkeit unseres Lebens und dem Gewicht der Ewigkeit. «Ich bin nur ein Gast auf Erden, verbirg deine Gebote nicht vor mir. In Sehnsucht nach deinem Urteil verzehrt sich allezeit meine Seele ...» (Ps. 119,19-20). Etwas in uns streckt sich aus nach dem Einen, der anders ist, und nach dem Reich, das über diese Welt hinausgeht. Wir sehnen uns nach dem Einen, den wir noch nicht gesehen haben, aber doch lieben (1. Petr. 1,8). Mit Herzen, die von einem göttlichen Schmerz beflügelt sind, verlangen wir nach mehr von Gott. Wir suchen nach jedem noch so kleinen Zeichen von Ihm. Und genau in dieser Position will Er uns haben. Es sind die Hungrigen, die Er speist. Es sind die Verlangenden, die Er sättigt.

Das Flehen und das Empfangen gehören zu gleichen Teilen zur Gabe der Nähe und innigen Beziehung zu Gott.

Jedes göttliche Verlangen ist ein Geschenk. Wir brauchen Gott, um Gott zu lieben, und Er selbst muss in uns die Liebe erwecken, mit der wir Ihn lieben sollen. «... Denn Gott ist es, der in euch das Wollen und das Vollbringen bewirkt» (Phil. 2,13). Sehnsucht ist der Anfang der Gabe der Liebe. Wir gehen davon aus, dass diese Gabe ausschließlich aus der direkten Erfahrung Seiner Nähe besteht. Doch das Verlangen, das dieser spürbaren Erfahrung der Liebe vorausgeht, gehört genauso zur Liebe wie die tatsächliche Erfahrung selbst. Beides gehört zusammen und kann nicht voneinander getrennt werden. Unser anfängliches Sehnen ist ein unersetzlicher

Teil der ewigen Nähe zu Gott. Das Flehen und das Empfangen gehören zu gleichen Teilen zur Gabe der Nähe und innigen Beziehung zu Gott. Beides spielt eine Rolle bei diesem Prozess, durch den unsere Herzen von der göttlichen Liebe eingenommen werden. Welch wunderbare Gabe diese Sehnsucht nach Gott ist! Was für ein wertvoller Begleiter auf diesem Weg! Denn eins steht fest: wir brauchen diesen Helfer auf jedem Abschnitt unserer Reise hin zur Liebe. Sehnsucht und unser schmerzliches Verlangen nach größerer Offenbarung werden uns immer begleiten.

Das Warten auf die Liebe

«Du, den meine Seele liebt, sag mir: Wo weidest du die Herde? Wo lagerst du am Mittag? Wozu soll ich umherirren bei den Herden deiner Gefährten?»

Hohelied 1,7

In Hohelied 1,7 fragt die Magd den Herrn, wo Er Seine Herde weidet. In Vers 2 hat sie Ihm gerade gesagt, dass Seine Liebe köstlicher ist als Wein. Sie weiß, dass Seine Liebe alle anderen Freuden übersteigt. Ihre ganze Lebensvision hat sich verändert wegen dieser so grundlegenden Offenbarung. Aber lediglich das Bekenntnis, dass Seine Liebe größer und wunderbarer ist als alles andere, wird ihr hungriges Herz nicht sättigen. Auch wenn sie von der Vision Seiner großen Liebe überwältigt wurde, hungert ihr Herz immer noch nach der Erfahrung dieser Liebe. Nur *Er* selbst kann die Sehnsucht ihrer Seele stillen. Sie muss an Seiner Liebe teilhaben, damit ihre Seele gesättigt wird. Sie muss von ihr trinken, damit ihr Durst gestillt wird. So fragt sie verzweifelt: «Sag mir, wo kann ich von Dir trinken, wo kann ich mich an Deiner Liebe laben?»

Sie sagt so viel wie: «Wo kann das Verlangen meines Herzens von Dir und nur von Dir allein gestillt werden? Wie kann ich in tiefer Weise von Dir trinken? Denn von nun an können mich geringere Freuden nicht mehr zufrieden stellen. Du bist mein Lohn. Ich weiß, dass Du unendlich groß bist. Wer kann die unermessliche Weite Deiner Person erfassen? Ich weiß, dass es so unendlich viel mehr über Dich zu entdecken gibt, als ich jemals erfassen oder mir erdenken könnte. Du bist ein Ozean, und ich kann Dich nur vom Ufer aus bewundern. Ich kann nicht mehr mit dem Alten zufrieden sein, und mein Schmerz ist größer denn je. Die hohe Vision ist mir stets vor Augen, aber alles, was ich als Wirklichkeit erlebe, ist Hunger, Sehnsucht und Verzweiflung.»

Sie hatte nicht damit gerechnet, dass sie Seine Liebe nicht gleich unmittelbar erleben würde. Von ganzem Herzen hat sie ihr *Ja* zu einem Leben voller heiliger Leidenschaft gegeben, und nun findet sie nur eine unerwartete Stille vor. Und hier wartet sie jetzt. Geringere Freuden können sie nicht mehr befriedigen, aber göttlicher Trost bleibt noch aus. Sie schwebt in der unendlichen Kluft zwischen ihrer Leidenschaft und der wunderbaren Erfahrung Seiner Nähe. Und so pflanzt Er Sehnsucht in Ihr Herz. Es verlangt Ihn nach mehr als nur nach Anerkennung Seiner Größe. Er will, dass Verzweiflung und liebeskrankes Verlangen in ihr heranreifen. Und deshalb muss sie im Blick auf diese höheren Freuden eine Zeit lang in dieser Kluft zwischen Sehnsucht und Erfüllung verweilen. Die Vision von Seiner Herrlichkeit verzehrt sie. Sie weiß, Er ist wunderschön und herrlich, und kein anderes Trachten als nach Ihm allein kann jemals die Sehnsucht in ihrem Herzen stillen. Aber Er verzögert Seine Antwort und lässt sie eine Weile an diesem Ort ausharren, wo sie nur den Schmerz ihres sehnsüchtigen Verlangens und nicht die Freude der Erfüllung erlebt. Sie kennt erst die Wunde und den Schmerz der Liebe und noch nicht die tatsächliche Erfahrung ihrer heilenden Kraft.

Verlangen – der Vorläufer zur Erfüllung

Jedes Herz, das sich auf diese Reise der Liebe begibt, erlebt Zeiten von großem Schmerz. Und die Ursache dafür liegt darin, dass die Sehnsucht des erwachten Herzens noch nicht gestillt wird. Gott weckt ein tiefes Verlangen in uns nach Ihm selbst und lässt uns absichtlich auf die Erfüllung warten. Unsere Herzen finden einen nie gekannten Hunger nach Ihm, und in uns brennt eine heilige Erwartung, dass Er nun zu uns kommen und den Hunger in uns stillen wird. Wir können uns nicht mehr mit anderen Freuden zufrieden geben, und so rufen wir nach dem aus, wovon wir fest überzeugt sind, dass Er es uns geben wird: ewige Liebe aus Seinem Herzen. Aber statt göttlicher Fülle erleben wir einen noch größeren Schmerz in unseren Herzen. Wir sind gefangen in dieser tiefen Schlucht zwischen Sehnsucht und Erfüllung. Anstatt einer süßen Melodie finden wir nur Schweigen. Statt Begegnungen mit unserem Herrn finden wir Ihn, wie es scheint, weiter weg als je zuvor.

Wenn wir Gottes eigene Sehnsucht und Seinen eigenen Schmerz kennen, dann schützt uns das vor Bitterkeit und Enttäuschung Ihm gegenüber, wenn Er unseren Schmerz nicht sofort wegnimmt und unsere Sehnsucht nicht gleich stillt. Wir neigen zu dem Gedanken, dass Gott den Schmerz unseres Verlangens offensichtlich nicht versteht, denn sonst würde Er ja sofort antworten. Wenn wir nicht verstehen, dass unser Verlangen von Seinem eigenen Herzen ausgeht, dann denken wir schnell, dass Er uns in diesem schmerzlichen Warten allein gelassen hat und sich nicht um den Schmerz in unserer Seele kümmert. Unser Verstand suggeriert uns, dass Gott uns niemals so lange warten lassen würde, wenn Er nur einen Moment lang unseren Schmerz kennen würde. Aber das ist ein Missverständnis, und das Gegenteil ist der Fall. Wenn wir nach dem Ursprung unseres Sehnens suchen, werden wir die Quelle schlussendlich im Herzen Gottes finden, das selbst durch die Liebe verletzt ist. Aus der Tiefe Seines Herzens gehen unsere tiefen Seufzer hervor. Er weiß, dass wir ohne sehnsüchtiges Verlangen die Fülle Seiner Liebe nicht empfangen können, und deshalb – aus Seiner Güte und Seinem Eifer für uns – stößt Er selber den schmerzlichen Dolch des Verlangens in unser Herz.

Wir müssen die Tiefen der Sehnsuchtsschmerzen erfahren, um in die Höhen göttlicher Fülle und Freude auffahren zu können.

Diese Zeiten des unerfüllten Verlangens sind unbeschreiblich wichtig für unsere Reise der Liebe. Denn welchen Wert hat Wasser ohne Durst? Wer schätzt Fruchtbarkeit, ohne die Erfahrung von Unfruchtbarkeit zu kennen? Was ist erfülltes Verlangen ohne unerfülltes Verlangen? Wie sehr müssen unsere Herzen hungern, bevor sie gespeist werden. Wir müssen die Tiefen der Sehnsuchtsschmerzen erfahren, um in die Höhen göttlicher Fülle und Freude auffahren zu können. Er höhlt uns aus und erweitert unsere Kapazität durch Hunger und Verlangen, damit Er uns mit sich selbst füllen kann.

Wenn uns der Schmerz von unerfüllter Sehnsucht überflutet, vergessen wir oft, dass diese Wunde ihren Ursprung in dem Herzen Gottes hat, nicht in unserem. Wir betrachten unseren Schmerz als ein Zeichen für die Abwesenheit Gottes, anstatt als Zeichen Seiner Nähe. Gott schenkt sich nur den Hungrigen und den Herzen voller Verlangen, aber aus uns selbst heraus können wir keinen Hunger nach Gott produzieren. Er selbst lässt Hunger in uns aufsteigen und bewirkt selbst das Gebet um Erfüllung in uns. Er ruft in uns das Verlangen hervor, das Er selbst stillen will. So sicher wie der Schmerz unseres Verlangens, so sicher ist auch Sein Versprechen, zu uns zu kommen. Wenn wir in uns das schmerzliche Verlangen nach Gott verspüren und uns nach Ihm ausstrecken, dann dürfen wir fest darauf vertrauen, dass Er uns antworten wird. Wo göttliches Verlangen ist, da ist auch göttliche Erfüllung. Auch wenn beide durch eine Zeitspanne voneinander getrennt sind, so sind sie doch so ineinander verwoben, dass man das eine nicht erleben kann, ohne letztendlich auch das andere zu erfahren.

Ein gottgegebenes Verlangen ist nichts Geringeres als eine von Gott gegebene Eintrittspforte zur Erfüllung dessen, wonach wir verlangt haben.

Wenn wir danach streben, mehr von Ihm zu erfahren und Ihn tiefer zu kennen, dann sollte es uns nicht verwundern, wenn Er uns mit dem Schmerz eines noch größeren Verlangens antwortet. Seit jeher hat Er so gehandelt. Wir dürfen diese Sehnsüchte tatsächlich als Verheißungen betrachten. Denn Er ist der, der die Wunde der

Liebe in uns geschlagen hat, und nur Er allein kann sie heilen. Ein gottgegebenes Verlangen ist nichts Geringeres als eine von Gott gegebene Eintrittspforte zur Erfüllung dessen, wonach wir verlangt haben. Wenn wir dies als wahrhaftes Wirken der Liebe erkennen, die sich ihren Weg in unsere Seele bahnt, dann werden wir auf den Durststrecken unseres Verlangens nicht so schnell entmutigt und finden stattdessen Trost in der Wahrheit, dass Seine Antwort schon unterwegs ist.

Jedes Verlangen, das Er in uns einpflanzt, ist ein Preludium zu einer größeren Offenbarung, für die Er gerade den Weg bahnt.

Wenn wir uns nicht vorsehen, laufen wir Gefahr, diese Zeiten falsch zu verstehen, und beginnen möglicherweise, einige der größten Früchte zu verleugnen, die im Bereich der innigen Beziehung und Nähe zu Gott herangereift sind. Diese Abschnitte der Dürre bahnen einen Weg für die Zeiten, nach denen wir uns am meisten sehnen. Auch wenn sie uns wie Steinmauern erscheinen, die sich vor uns auftürmen und unseren Weg blockieren, so sind sie in Wahrheit die Pforten zu einer tieferen Liebe. Hinter diesen Trockenzeiten steht das brennende Herz Gottes, der keine Braut annehmen wird, die nicht den Schmerz des liebeskranken Verlangens kennt. Denn was für eine Braut ist das, die kein verlangendes und dürstendes Herz hat? Seine strategische Verzögerung hat mit dem Erwachen der Liebe in uns zu tun. Zwar öffnet Er unsere Augen mit einer Vision von Seiner Herrlichkeit, aber dann zieht Er sich gerade so weit zurück, dass wir Ihn nicht mehr wahrnehmen können. Damit ist der Boden bereitet, auf dem echtes Verlangen und tiefe Sehnsucht gedeihen kann. Jedes Verlangen, das Er in uns einpflanzt, ist ein Vorspiel zu einer größeren Offenbarung, für die Er gerade den Weg bahnt.

Die trockene Seite der Liebe

Das suchende Herz verwechselt oft sehnsüchtiges Verlangen mit dem tiefen und durchdringenden Gefühl der Leere. Wir geraten in Frustration, und in unseren Herzen schreit die Unfruchtbarkeit nach Fülle. Wir haben die Vorstellung, dass der Sehnsucht und dem Verlangen etwas Zärtliches anhaftet, aber weil wir nichts davon spüren, ziehen wir den Schluss, dass unsere Herzen trocken und unfruchtbar sind. Wir haben das Gefühl, dass wir uns nicht einmal mehr nach Gott «sehnen» können. Eine der häufigsten Erscheinungsformen der Sehnsucht ist Leere. Es ist die trockene Seite des Verlangens und die einsame Seite der Liebe. Wir finden keine Zärtlichkeit; nur die rauhe Stimme der Unfruchtbarkeit ist zu hören. Diese gefühllose Seite des Verlangens ist immer noch Verlangen, auch wenn das liebeskranke Herz von Ohnmacht und Frustration über die ungestillte Sehnsucht gelähmt ist. Wenn Sehnsucht sich in ihrer trockenen Form zeigt, erkennen wir sie oft nicht als solche und lassen uns deshalb schnell entmutigen. Aber wir müssen lernen, diese Seite des Verlangens zu erkennen und mit offenem Herzen anzunehmen, genau so wie wir sie annehmen würden, wenn sie mit Tränen und zärtlicher Berührung zu uns käme.

Eine der häufigsten Erscheinungsformen der Sehnsucht ist Leere. Es ist die trockene Seite des Verlangens und die einsame Seite der Liebe.

Die schwersten Tage sind für mich immer die Tage gewesen, die tränenleer waren, denn Tränen sind ein äußeres Zeichen eines inneren Wirkens. Ohne sie bleibe ich mit einem leeren Gefühl zurück, und ich stelle dann mein eigenes Herz umso mehr in Frage. Ist es ein gewagter Schritt, zu glauben, dass der Grund, warum wir die Gegenwart Gottes nicht spüren, darin liegt, dass Er sich absichtlich vor uns verbirgt, um Liebe in uns zu erwecken? Ist es nicht viel nahe liegender, zu glauben, dass ich Ihn betrübt habe, und dass Er deshalb Seine Gegenwart zurückgezogen hat? Wie schnell bin ich doch bereit, mich selbst für diese Hinauszögerungen Seiner Verheißung zu beschuldigen, als ob sie nicht zu unserem geistlichen Kalender dazugehörten und nur deshalb auftreten würden, weil ich etwas falsch gemacht habe.

Wie viele Tage habe ich damit zugebracht, mein schweigendes Herz zu peinigen? Weil ich die Sehnsucht nicht zu erkennen wusste, glaubte ich, dass mein Herz ein schweigendes Grab sei, unfähig, wie ein Strom der Liebe zu fließen. Wenn wir diese triste Seite der Sehnsucht und des Verlangens nicht verstehen lernen, werden wir viele Tage als «unnütz» abstempeln, die in Wirklichkeit mit einem Reichtum an Liebe gefüllt waren. Deshalb müssen wir unsere Herzen trösten, indem wir Seine Blickrichtung einnehmen und unsere Tage so sehen, wie Er sie sieht, und nicht wie wir sie sehen. Ein trostloser und öder Tag vor Ihm steigt wie eine Melodie der Liebe zum Himmel auf, und er verströmt einen süßen Wohlgeruch, wie er nur aus Kummer und Seelenschmerzen hervorgehen kann.

Was wir als trocken erleben, ist in den Augen des Ewigen oft eine wahre Fontäne. Wir machen so viel davon abhängig, was wir fühlen, aber Liebe kann nicht an Gefühlen gemessen werden. So oft gehen Momente größter Liebe aus den Tiefen größter Trockenheit und Unfruchtbarkeit hervor. Wir treffen eine Willensentscheidung für die Liebe, auch wenn wir nichts fühlen und keine einzige Gefühlsregung uns beisteht. Ich glaube, dass dies die Momente sind, an die Jesus uns erinnern wird, wenn wir eines Tages vor Seinem Angesicht stehen. Er wird uns das verborgene Wirken unserer Herzen in diesen Zeiten offenbaren, in denen wir nur Trockenheit in unserer Seele wahrgenommen hatten. Er wird sagen: «Als du so wenig spürtest, spürte Ich so viel. Du hast Mein Herz überwältigt mit einem einzigen Blick deiner Augen.»

Die Trauer um den Bräutigam

«Können denn die Hochzeitsgäste trauern, solange der Bräutigam bei ihnen ist? Es wird aber die Zeit kommen, dass der Bräutigam von ihnen genommen wird; dann werden sie fasten.» *Matthäus 9,15*

Jesus sagte diese unaufhörliche und konstante Sehnsucht voraus, die Seine Freunde haben würden, wenn Er nicht mehr bei ihnen auf Erden sein würde. Im Kern sagte Er etwa dies: «Wie sehr werden sie Mich in diesen Tagen vermissen. Sie werden in Meiner Abwesenheit trauern.» Und das ist die Einladung, die Er seinen Freunden gibt – ein erwachtes Herz voller Verlangen und ein abwesender Geliebter. Das ist der Weg der Liebe, den Er für uns bestimmt hat. Und ja, der Schmerz dieser Einladung ist groß. Und der Schmerz der Trauer ist real. Wenn wir trauern, so tun wir dies nicht auf eine mystische oder theoretische Art, sondern als eine wahre Form der Liebe. Wir lieben einen echten Mann, aber Er ist jetzt nicht fassbar bei uns, so wie zu der Zeit, als Er auf Erden wandelte. Für die Zeit Seiner Abwesenheit hat Er unserem von Liebe verwundeten Herzen als Gabe den Freund der Trauer und des Schmerzes hinterlassen.

Eigentlich ist es wunderbar, wenn wir diesen Liebeskummer erleben, der sich nach dem Lebendigen Gott ausstreckt. Haben wir nicht gebetet, dass Gott unsere Herzen zerbrechen möge? Haben wir Ihn nicht gebeten, unsere Herzen mit Seiner Liebe zu füllen? Ja, das haben wir, und Er hat geantwortet. Aber auch wenn wir dieses wunderbare Mysterium für nichts auf dieser Welt eintauschen würden, so ist Schmerz doch Schmerz. Und *wie groß ist der Schmerz, wenn wir mehr von Gott wollen.* Auch wenn es sich beim Liebeskummer um Liebe dreht, so ist es doch ein schmerzlicher *Kummer,* der unsere Herzen bedrückt. Unsere Sehnsucht bricht verzweifelt aus uns heraus. Wir haben offene Herzen, und es gibt nur *einen Weg,* wie unsere Sehnsucht gestillt werden kann. Unser Leben hängt von Seiner Antwort ab. Wir trauern um Ihn. Wir fasten in Seiner Abwesenheit. Wir rufen aus nach Seiner Gegenwart. So schmerzlich dieser Kummer auch ist, mit der Zeit geleitet er uns zur wahren Heilung unserer Herzen.

Wie aber gehen wir nun damit um, wenn unsere Herzen von Sehnsucht überwältigt sind und wir keine Antwort vom Himmel bekommen? Als Erstes müssen wir darum kämpfen, Jesus richtig zu sehen, und uns daran erinnern, dass Er uns immer weiter hin zu einer größeren Liebe führen will. So bleiben unsere Herzen zart und werden nicht unnötig verletzt oder enttäuscht. Es ist so überaus wichtig, die göttliche Absicht hinter diesen Zeiten zu erkennen.

Er lässt uns in den Schmerzen der Liebe ausharren, und was Ihn dazu treibt, ist nichts anderes als die Liebe selbst. Er hat keine Freude daran, uns sinnlosen Schmerz zuzufügen. Und diese Zeiten sind alles andere als sinnlos. Sie sind göttliche Hilfsmittel, um uns zu größerer Liebe zu führen. Sie sind Werkzeuge, die der Liebe Raum schaffen, damit sie unsere Herzen ganz erfüllen kann. Wenn es uns gelingt, unseren gegenwärtigen Schmerz mit der zukünftigen Tiefe an Liebe in Verbindung zu bringen, dann werden unsere Herzen dauerhaft gestärkt. Wenn wir wissen, dass die momentane Erfahrung von Kummer zu Gottes Plan gehört, dann können wir ihn annehmen und der Liebe erlauben, ihr umfassendes Werk in uns zu tun.

Wir müssen tief aus diesen Einladungen zu liebeskrankem Verlangen schöpfen. Es liegt in unserer Verantwortung, dem Verlangen freien Raum in uns zu geben. Diese Zeiten sind wie seltene Gaben, und wir sollten sie auskosten und sie nicht einfach nur über uns ergehen lassen. Sie fließen über voller Einladungen zu größerer Liebe, die alle nur auf unser *Ja* warten. Durch die Gnade Gottes, und nur durch Seine Gnade, müssen wir während dieser Zeiten jede Möglichkeit ergreifen, die sich uns bietet, um in der Liebe zu wachsen. Wir müssen uns daran erinnern, dass Sehnsucht die Vorarbeit leistet, um unsere Herzen und Seelen zu erweitern. Er wird uns mit so viel füllen, wie wir empfangen können. Ohne diese notwendige Erweiterung unserer Herzen können wir nicht in die Fülle der Liebe eindringen.

Wenn der Bräutigam nicht bei uns ist, werden wir um Ihn trauern (Matth. 9,15). Auf unserer Reise werden wir oft die Abwesenheit von Gottes Gegenwart erleben. Manchmal hat dies mit einer Phase zu tun, in der Gott ganz einfach schweigt, und manchmal mit dem bloßen Paradox, dass Er uns mit einer Vision über sich selbst beschenkt, die unseren bisherigen Erkenntnisstand bei weitem übersteigt und wir deshalb unsere gegenwärtige Erfahrung von Ihm als völlig unzureichend empfinden. Eine Art, diesen tiefen Schmerz und Hunger nach Gott zum Ausdruck zu bringen und zu verstärken, ist das

Fasten. Diese Art zu fasten ist jedoch ganz anders als das Fasten, das wir bisher kannten. Die Trauer ist eine verzweifelte Sehnsucht nach dem Bräutigam. Wir trauern, weil wir Ihn vermissen. Wir fasten nicht, um Gottes Aufmerksamkeit zu gewinnen, sondern vielmehr um tiefer in das Zentrum Seines Blickes einzutreten, in dem wir bereits schon stehen. Als Jesus zu den Jüngern des Johannes über das Fasten sprach, bezeichnete Er es als Trauern. Er sagte: *«Wenn Ich von euch genommen werde, werdet ihr euch nach Mir sehnen, und deshalb werdet ihr fasten.»* Er sprach vom Fasten als einem Weg, um unsere Erfahrung der vollen Gegenwart des Bräutigams und Seines brennenden Verlangens zu steigern.

Dieser Bereich des Trauerns ist eines der größten Geheimnisse, die Gott für uns auf dieser Reise hat, um so unsere Herzen zu erweitern. Es ist, als ob Er sich vom Himmel zu uns herabneigt und flüstert: «Mein kostbarer Freund, wenn du so sehr nach Mir verlangst, dann habe Mitleid mit deinem schwachen Herzen und unterstütze deine Gebete mit Fasten.» Wir werden entdecken, wie sich der Weg unter unseren Füßen durch diese Herzenserweiterung ebnet. Gott hat etwas Geheimnisvolles im Fasten verborgen, und durch die ganze Menschheitsgeschichte hindurch haben sich Gläubige an den darin liegenden Schätzen gesättigt. Wir werden entdecken, wie sich der Weg unter unseren Füßen durch diese Herzenserweiterung ebnet. Wenn wir uns freiwillig in diese verletzliche Lage der Schwachheit begeben, bahnt Er einen Weg für die Erfahrung der innigen Nähe zu Ihm. Unsere Herzen werden erweitert, sodass wir mehr von Ihm empfangen können. Wir berühren etwas, was wir ohne die Rauheit und Schwachheit des Fastens nicht berühren könnten. Dieses Fasten kann in den Bereichen Ernährung, Zeit oder Geben stattfinden. Wir fasten unsere natürliche Stärke, wenn wir auf Essen verzichten. Wir fasten unsere Zeit, wenn wir uns im Gebet hingeben, und wir fasten unsere finanzielle Stärke, wenn wir geben. Das sind alles Wege, durch die wir uns in eine freiwillige Schwachheit hineinbegeben, um uns ausschließlich auf die Kraft unseres Geliebten zu verlassen.

Wenn Verliebte Liebeskummer haben, dann liegt ihnen der Gedanke ans Essen völlig fern. Wenn das Herz krank vor Sehnsucht ist, dann fügen sich der Körper und seine natürlichen Bedürfnisse schweigend in die zweite Reihe. Und genau das Gleiche geschieht in der Trauer um den Bräutigam. Es ist ein Fasten, das von einer Sehnsucht getrieben und von einem Verlangen aufrechterhalten wird. Die Sehnsucht in unserem Herzen steigt mit solcher Gewalt auf, dass wir nicht mehr essen oder schlafen können, bis wir uns in der Kraft Seiner Arme wiederfinden. Das ist die Art des Trauerns, die Jesus beschrieb, als Er sagte: «Oh, wenn du Meine Liebe als Bräutigam geschmeckt hast und Mich plötzlich nicht mehr finden kannst, dann wirst du nicht aus Pflicht fasten, sondern aus dem herzzerreißenden Verlangen zweier Liebender, die gerade voneinander getrennt wurden.»

Es gibt eine Trauer, die nur durch Trennung erwacht. Wie können wir trauern, wenn Er bei uns ist und wir Ihn von Angesicht zu Angesicht sehen und Seine Liebe erfahren? An solchen Tagen schläft und schlummert die Sehnsucht in unseren Herzen. Denn in den Tagen, an denen Er uns nah ist, ist unsere Sehnsucht gestillt. Aber nimm den Geliebten fort, wenn auch nur für einen Moment, und das Trauern hat bereits begonnen. Es erwacht mit solcher Intensität, dass wir uns fragen, warum wir es nicht schon eher wahrgenommen haben. Wenn wir Seine Nähe in Seiner spürbaren Gegenwart erleben, dann sind wir mit Liebe erfüllt, aber wenn Er fort ist, dann sind wir ungestüm vor Liebe. Wir gleichen einem Sturm, der erwacht und mit glühendem Verlangen losbricht. An solchen Tagen geben wir alles. Wir riskieren alles. Wir fürchten nichts. Um der Liebe unseres Bräutigams willen werden wir von Fluten der Leidenschaft und des Verlangens getrieben.

Er bringt eine liebeskranke Braut hervor, die Ihn freiwillig im Angesicht von allem Unheil und allem Bösen erwählt. Die schlummernde Trauer muss in dem Herzen des Liebenden erwachen. Wir fasten, um unsere Herzen daran zu erinnern, dass Er von uns genommen wurde, denn wir haben uns an Seine Abwesenheit gewöhnt. Das Fasten bahnt dem Trauern einen Weg, und wir sind unbezwingbar. Nicht einmal der Tod kann uns etwas anhaben, denn alles führt zu Ihm. Nichts kann uns zurückhalten oder binden, denn wir sind schon frei. Und wir rufen aus: «Binde meinen Leib, verschließe meinen Mund, nimm meinen Namen, und doch hast du mich nicht bezwungen, denn ich gehöre einem anderen. Ich bin krank vor Liebe, und meine Augen sind auf eine andere Welt gerichtet. Du kannst das nicht antasten, was ganz Ihm gehört, denn Er hat Sein Siegel auf mein Herz gelegt und mich für immer in Seiner Freiheit verborgen. Mein Herz trauert um den Bräutigam, und es gibt keinen Berg, den ich nicht besteigen würde, kein Meer, das ich nicht überqueren würde, um bei Ihm zu sein, um in Seinen Armen zu sein.»

Wenn wir trauern, sind wir frei. Dieser Liebeskummer umgibt unser Herz wie eine Schutzwolke in der Stunde der Not. Und so beten wir: «Erwecke dieses Trauern! Lass die schlummernde Sehnsucht erwachen! Stärke unser Fasten, damit wir mehr trauern. Denn der Tag ist gekommen, dass der Bräutigam von uns genommen wurde. Ihr Freunde des Bräutigams, ihr Herzen voller Sehnsucht … Erhebt eure trauernden Herzen!»

Die göttliche Wunde der Sehnsucht

Den ganzen Tag war mein Herz voller Schmerz. Ich habe so danach verlangt, bei Dir zu sein. Aber mir blieb nur Sehnsucht. Emotionen. Schmerz. Liebe. Leere. Verlangen. Ich liebe Dich, mein kostbar Geliebter! Ich brauche Dich so sehr. Ich bin wie ein Narr auf einem Meer von unbenannten Gefühlen und suche nach einem Licht der Hoffnung, dass mein Geliebter meine tausend Emotionen nimmt und mir ein Lied der Liebe schenkt, dass ich dem singen kann, den mein Herz liebt. Wenn dieser Schmerz das Schwert Deiner Liebe ist, dann kann ich mir nichts Köstlicheres vorstellen. Wenn Schmerz mein Begleiter zur tieferen Liebe ist, dann ist Schmerz mein bester Freund. Das Gute am Schmerz ist, dass er mich immer – egal, woher er kommt, egal, wie er entstanden ist – zu Dir führen kann, und ich mich an Deine Schultern anlehne.

Ein Herz voller Schmerz war die Realität an diesem Tag. Ich weiß nicht warum. Wenn ich hoffen darf, dann hoffe ich, dass dieser Schmerz Dein Werben um mein Herz war. Wenn ich hoffen darf, dann hoffe ich, dass Du derjenige warst, der mein Herz heute verletzt hat, der meine Seele durchbohrt hat, der der Grund meines Leidens war. Und das war nur ein Vorgeschmack. Aber wenn Du es warst, dann lass mich nicht nur kosten, sondern auch trinken – tief trinken.

Denn solange ich zurückdenken kann, habe ich immer gewollt, Dich zu wollen. Ich habe danach gehungert, zu hungern. Ich habe danach verlangt, zu verlangen. Wenn Du heute selbst nur einen Tropfen von dieser göttlichen Sehnsucht über mein schwaches, zerbrechliches Herz gegossen hast, dann kann ich mir keinen besseren Tag als diesen vorstellen. Ein Tag voller Schmerz im Herzen … verwundet durch den, den es liebt … geheilt nur durch den, der ihre Seele liebt.

Gerne würde ich tausend Nächte weinen und von diesem Schmerz trinken, wenn ich nur wissen darf, dass die Tränen von dem Göttlichen geküsst werden, bevor sie zu einer Fontäne in meinem Herzen aufbrechen. Wenn ich nur wissen darf, dass der Schmerz nicht aus meinem eigenen Herzen stammt, sondern von dem Herzen des Mannes voller Leiden. Dass die Tränen nicht nur zur Erleichterung meines eigenen Herzens sind, sondern ein Teilhaben an Seinen Leiden – dann sind diese Tränen Gold wert.

Ziehe mich hin zu Dir, und ich werde Dir folgen. Das ist mein Herzensruf. Ich sorge mich nicht, was der morgige Tag bringen wird, solange Du mich morgen halten wirst. Solange ich weiß, dass Du mir am Morgen mit derselben Nähe und noch mehr begegnen wirst. Solange ich weiß, dass die Nacht die Sanftheit nicht fortreißen wird, die mein Herz erfüllt. Solange ich weiß, dass Du unsere Liebe in der Tiefe Deines Herzens verborgen hältst und sie mit Deinem Eifer und dem Siegel aller Siegel bewahrst. Amen.

Mein einziger Wunsch

In der Liebe zu leben, ist mein sehnliches Verlangen,
in inniger Gemeinschaft mit den Ewigen Flammen.
Mit einem Lied zu erwachen und von der Liebe zu singen
und tanzend durch die Tür der Ewigkeit zu dringen.

O Du, mein Gott, bist mein Atem und Leben,
Du bist der Wind und ich das Segel.
Entfache mein Herz mit glühendem Verlangen,
verzehre mich neu mit Deinen eifernden Flammen.
Du Schöpfer, der mein Herz geschaffen,
hör mein Lied und hör mein Rufen.
Führe mich hin, in die Tiefen der Verborgenheit,
in tiefere Tiefen, in Deine Gegenwart.

O göttliche Liebe, so sanft und rein,
füll mich neu mit Deinem köstlichen Wein.
Lass mich den süßen Weg finden zu Dir
und mit Tränen zu Deinen Füßen sinken,
meine Narde und meinen Reichtum über sie gießen,
mein Herz zu öffnen und Dich fließen lassen. Tränen und Narde vereint.
Bei Dir will ich sein, meinem Geliebten, meinem Freund.
Finde mich hier, in heiligem Tanz.
Halte mich in Deiner Liebe.
Umgib mich mit Deinem Glanz.

O du, mein Herz, weiche nicht von Ihm!
Bleib ganz Sein und trink von der Liebe, die süßer ist als Wein.
Gib dich Ihm ganz, und halte nichts zurück,
bleib in Seiner Liebe, deine Freude, dein Glück.
Ja, du gehörst zu deinem Geliebten, und Er ist dein.
So ziehe in lieblichem Tanz
durch die Türen der Ewigkeit ein.

Kapitel 8

Gemeinschaft mit dem Geliebten

«Ich begehre unter seinem Schatten zu sitzen. Wie süß schmeckt seine Frucht meinem Gaumen ... Stärke mich ... Erquicke mich ... denn ich bin krank vor Liebe.» *Hohelied 2,3-5*

Und nun, da die Sehnsucht eine Kammer in unseren Herzen ausgehoben hat, ist der Weg offen für die größte Gabe Gottes an das menschliche Herz: *Göttliche Liebe und Gemeinschaft mit dem Geliebten.* Wir müssen uns immer wieder daran erinnern, dass dieses schmerzliche Verlangen und die Dürre der Sehnsucht ein wesentlicher Bestandteil dieser Gabe sind. Sie ziehen uns hin zu Gott und sind gleichzeitig die Verheißung für Sein Kommen. Aber jetzt wollen wir nicht nur die Verheißung, sondern auch ihre *Erfüllung* betrachten. Wir wollen einen Blick auf das werfen, wonach die wegbahnenden Gaben des Hungers und Durstes verlangt haben: Gemeinschaft mit dem Dreieinigen Gott.

Das höchste Privileg, das Gott den Menschen gegeben hat, ist die wunderbare Einladung zur Gemeinschaft mit Ihm. Er hält die Engel in den Grenzen der Dienstbarkeit, aber den Menschen schenkt Er die Einladung, in den unglaublichen Raum der innigen Beziehung und Nähe einzutreten. Der König hat uns in Seine Kammer geführt (Hohelied 1,4). Er lädt uns dazu ein, uns in die Tiefen der ewigen Liebe und Gemeinschaft mit Ihm fallen zu lassen. Es ist Sein

Herzenswunsch, sich den Herzen der Menschen in einer heiligen, innigen Beziehung zu schenken. Was für ein Geheimnis! Er verlangt danach, mit schwachen Herzen wie unseren Gemeinschaft zu haben! Er triumphiert darin, irdische Gefäße mit ewigen Schätzen zu füllen und unsere Herzen mit Seiner Liebe zu überfluten. « ... die Liebe Gottes ist ausgegossen in unsere Herzen durch den Heiligen Geist, der uns gegeben ist» (Röm. 5,5).

Gott füllt das menschliche Herz mit Seiner Liebe (Joh. 17,26), und Seine Liebe ist der größte Schatz, den wir in diesem und dem zukünftigen Leben empfangen können. Durch die Kraft Seines Geistes überflutet Er die trockenen Herzen Seiner Freunde mit dem erfrischenden Strom Seiner Liebe. Dies ist eine Erfahrung, die alle Freuden übersteigt und die unsere Herzen in der Tiefe verändert.

Wir *empfangen* nicht nur Seine Liebe, sondern wir erleben auch eine unglaubliche Freude, wenn wir Seine Liebe erwidern. Ist es nicht wunderbar, wenn wir *spüren,* dass unsere eigenen Herzen mit Liebe für Ihn gefüllt sind? Er berührt die Tiefen des Stromes der Liebe, den Er selbst in unsere Herzen ausgegossen hat, und zieht ihn zurück zu sich selbst. Aus uns fließt ein Strom von überwältigendem Verlangen nach Ihm, und so schenken wir Ihm die Liebe, die wir von Ihm zuvor empfangen haben. Wir finden einen Reichtum an Liebe für unseren Geliebten. «Wir lieben, weil Er uns zuerst geliebt hat» (1. Joh. 4,19). Unsere Herzen fließen über mit Liedern über Seine wunderbare Schönheit und Herrlichkeit (Ps. 45,2). Das Wunderbare unserer Existenz liegt in dieser göttlichen Gemeinschaft. *Der Lohn unseres jetzigen und zukünftigen Lebens ist, Ihn zu lieben und Seine Liebe zu empfangen.*

Liebeshungrige Gemeinschaft

Diesen Schatz spricht die Magd im Hohenlied Salomos an. Wenn sie in Seinem Schatten ruht, kann sich ihr Herz an Seinen köstlichen Früchten laben (Hohelied 2,3). Ihr Herz antwortet: «Deine Liebe ist köstlicher als Wein, und in Deinen Armen will ich bleiben!» Endlich hat sie das Geheimnis eines erfüllten Lebens gefunden. Sie greift nicht mehr nach den Dingen, die die Sehnsucht ihres Herzens auf Dauer nicht stillen können. Sie versucht nicht mehr, Seine Anerkennung durch Leistung und Kampf zu bekommen. Vielmehr lässt sie sich in die Arme der *ewigen* Freude fallen und empfängt die Gabe der Liebe, die Er ihr schenken will. Ihr Herz erfreut sich an Seiner Liebe. Sie genießt es, von Ihm begehrt und für schön erachtet zu sein. Und sie findet das größte Glück, wenn Er sich ihr offenbart.

Sie sagt von sich selbst, dass sie *krank vor Liebe* ist (Hohelied 2,5). Ihr Herz wurde so mit Seiner Liebe gefüllt, dass sie nun in sich die gleiche Freude und Leidenschaft für Ihn entdeckt, die Er für sie hat. Diese Liebe ist so reich und so intensiv, dass sie einer Krankheit gleicht. Aber es ist eine wunderbare, heilsame Krankheit, die das Resultat einer gesunden Seele ist – denn sie hat endlich die Quelle in Ihm gefunden, und das Trinken von diesem Lebendigen Wasser stärkt und befähigt sie dazu, vor aller Gottlosigkeit zu fliehen (1. Petr. 2,3). Ihr Herz bleibt nicht mehr unberührt, sondern entfaltet sich in ihr wie ein Wirbelsturm der Leidenschaft, wenn sie dem Herrn begegnet. Sie ist gefesselt von Seinem Glanz und Seiner Herrlichkeit. Sie wurde von dem Pfeil Seiner Liebe getroffen, und diese Wunde kann nur durch das Trinken von Seiner Liebe geheilt werden. Doch je mehr sie davon trinkt, desto liebeskranker wird sie. Sie ruft aus: «Stärke mich … erquicke mich … denn ich bin krank vor Liebe!» (Hohelied 2,5).

Nichts ist bereichernder und ergreifender für unsere Seelen als Gottes Offenbarung an uns. Wir wurden dazu geschaffen, förmlich mit Sehnsucht nach Ihm zu schmachten. Und diese Sehnsucht kann durch nichts anderes gestillt werden als durch eine größere Offenbarung von Ihm selbst. Und mit jeder neuen Offenbarung von Ihm selbst geht ein noch größeres Verlangen einher, denn sobald Er unsere Kapazität erweitert und diesen Hohlraum mit mehr von Ihm füllt, erwacht in uns ein Verlangen, das größer ist als jedes vorhergehende. Wir entdecken, dass wir nur gestärkt werden, wenn wir von Seiner Liebe trinken. Wir werden nur erquickt, wenn wir mehr von Ihm erkennen.

Je mehr wir von Ihm erkennen, desto mehr verlangen wir nach Ihm. Und je mehr wir nach Ihm verlangen, desto mehr werden wir letztendlich von Ihm sehen, denn Er speist die, die nach Ihm hungern und dürsten. Er sättigt die durstige Seele und füllt die Hungrigen mit Gutem (Ps. 107,9). Aller Augen sind auf Ihn gerichtet, und Er gibt ihnen ihre Speise zur rechten Zeit. Er öffnet Seine Hand und stillt ihr Verlangen. (Ps. 145,15-16). Und so wachsen wir in der Liebe Gottes. Dieses Wachstum besteht aus beidem: aus Schmerz und aus Trost, aus Hunger und aus Sättigung, aus Sehnsucht und Erfüllung. Es ist eine ewige Beschäftigung, die aus Bitten und Empfangen, aus Hungern und aus Gesättigtwerden besteht. Für immer und ewig werden wir Seine Schönheit betrachten, nach mehr Enthüllung von Seiner Herrlichkeit verlangen und von der Offenbarung, die Er uns schenkt, überwältigt sein. Und gleichzeitig werden wir uns dann wieder von neuem nach mehr von Ihm ausstrecken, denn in der Glut dieser Liebe sind wir hoffnungslos verloren.

Gemeinschaft verstehen

«Wie mich der Vater geliebt hat, so habe auch ich euch geliebt. Bleibt in meiner Liebe! … Dies habe ich euch gesagt, damit meine Freude in euch ist und damit eure Freude vollkommen wird.» *Johannes 15,9-11*

In der Liebe zu bleiben bedeutet, stetige Gemeinschaft mit dem zu haben, den wir anbeten. Jesus lädt jedes Herz dazu ein, in dieser göttlichen Liebe zu Hause zu sein. Diese Einladung enthält die größte Liebeserklärung, die Jesus jemals ausgesprochen hat. Er umschreibt zuerst das Wesen der Liebe, zu der Er uns einlädt. Die Liebe, die Jesus für mich hat, kann nur mit der Liebe verglichen werden, die der Vater für *Ihn* hat. Es ist dieselbe Liebe. Jesus empfindet dasselbe für uns, was der Vater für Ihn empfindet! Das ist der unglaublichste Lohn aller Zeiten. Das ist das Wesen und die Qualität der Liebe, zu der Er unsere Herzen auffordert. Er sagt: «Bleib hier in Meiner Liebe, lass dich in ihre Arme fallen! Bleib bei Mir in dieser göttlichen Liebe, dann wirst du die Fülle der Freude erleben.»

Liebe ist keine Liebe, wenn sie keinen Ausdruck findet. Gemeinschaft mit Gott ist der beständige Ausdruck und die reale Erfahrung der gegenseitigen Liebe zwischen Gott und Mensch. Die ausgebreiteten Arme Jesu und der Kuss Seines Wortes lassen mich Seine Liebe erfahren (Hohelied 1,2). Gemeinschaft ist ein Austausch von Liebe, mit oder ohne Worte. Die Erfahrung Seiner Gegenwart führt zu einer noch größeren Gegenwart, und die Erfüllung von Verlangen führt zu einem Ausbruch von noch größerem Verlangen. Wie wunderbar ist Seine Nähe! Der Eine, der der Schönste unter den Menschenkindern ist, gießt das warme und wohlduftende Öl der Freude über unsere Herzen aus (Ps. 45,3.8)! Der Ursprung unseres ganzen Seins ist in Seinem Freudenstrom eingehüllt, und unser ganzer Trost ist in Ihm selbst enthalten. Er ist die höchste Freude aller Zeiten. Er ist die größte Wonne der Ewigkeit. Er ist unser Geliebter. Das ist unser Freund!

Gemeinschaft mit Gott ist der beständige Ausdruck und die reale Erfahrung der gegenseitigen Liebe zwischen Gott und Mensch.

Jeder, der Seine Güte geschmeckt hat, wird von ihrem einzigartigen Wesen gefangen genommen. Wenn wir auch nur einmal ein winziges Bruchstück Seiner Herrlichkeit geschmeckt haben, werden wir nie mehr wieder zufrieden sein können. Wir werden nach immer mehr von Ihm streben. David hat diese Einladung an die Heiligen gerichtet: «Schmecket und sehet, wie freundlich der HERR ist. Wohl dem, der auf ihn traut! Fürchtet den HERRN, ihr seine Heiligen! Denn die ihn fürchten, haben keinen Mangel» (Ps. 34,9–10). Mit einem Herzen, das völlig von Liebe ergriffen war, erklärte Paulus: «Ja noch mehr: ich sehe alles als Verlust an, weil die Erkenntnis Christi Jesu, meines Herrn, alles übertrifft … » (Phil. 3,8).

Und Maria von Betanien sprach nicht mit Worten, sondern durch ihre Tat, als sie die Narde als ihren ganzen Reichtum und als ihr gesamter Besitz über die Füße von Jesus goss. Das war ein extravaganter Ausdruck ihrer Liebe und Anbetung! Der Wohlgeruch, der damals von jenem Raum aufstieg, legt für immer und ewig Zeugnis ab von der Herrlichkeit und dem unschätzbaren Wert dieses Mannes Jesus Christus (Mk. 14). Wenn sie ihre Hingabe in Worte hätte fassen können, dann hätte sie vielleicht Folgendes gesagt: «Vor mir ist der Eine, der die Liebe Seiner ganzen Schöpfung verdient, und Er hat mir einen Augenblick geschenkt, Ihm diesen ewigen Wert zu zeigen.»

Unser Verlangen nach Gemeinschaft

Dieses Verlangen ist in der Seele eines jeden Menschen zu finden. Und je tiefer wir in die innige Beziehung zu Ihm hineinfinden, desto unnachgiebiger wird unser wachsendes Verlangen nach dieser ewigen Freude sein, Ihn zu kennen. Wir stellen fest, dass wir ohne eine ständig wachsende Übereinstimmung zwischen Gott und unserer eigenen Seele nicht mehr leben können. Wir wollen Seine Freunde genannt werden und die Geheimnisse Seines Herzens mit Ihm teilen.

Wir sind mit dem Schmerz unseres Verlangens vertraut, aber genauso wie Liebe ohne Verlangen keine Liebe ist, so ist auch Liebe ohne Erfüllung keine Liebe. Wir müssen das *erleben,* worauf wir unsere Hoffnung gesetzt haben. Das Fest der Gemeinschaft ist die Erfüllung unseres Verlangens, denn Seine Liebe ist lieblicher als Wein (Hohelied 1,2). Sie ist besser als alle Kostbarkeiten dieses Lebens. Unser ganzer Lohn ist in der Fülle der Liebe enthalten. Wenn wir von dem Strom dieser Freude getrunken haben, wird unsere Sehnsucht mit Seiner Fülle vollständig gestillt (Ps. 36,9). Und das ist es, wonach wir streben – und dazu hat er uns geschaffen.

Wir wurden geschaffen, um mehr als nur Verlangen zu kennen. Er formte uns, damit wir schmecken. Er hat uns nicht nur die Fähigkeit gegeben, immer mehr Hunger nach Ihm zu entwickeln, damit unsere Herzen sich weiten, sondern Er hat uns auch dazu geschaffen, diese Liebe selbst wirklich zu erfahren. Das ist unsere Herrlichkeit. Das ist unsere Krone. Wir wurden geschaffen, um die Fülle der Freude zu erleben. «Dies habe ich euch gesagt, damit meine Freude in euch ist und damit eure Freude vollkommen wird» (Joh. 15,11). Wir wurden dazu geschaffen, um uns in vollem Maße an unserem Geliebten Jesus zu erfreuen. Deshalb ist Gemeinschaft mit Gott mehr als nur das Verlangen nach Ihm. Es ist die Freude an Ihm. Es ist die hier und jetzt erlebbare Gemeinschaft, die uns mit höchster Freude erfüllt.

Wir verlangen nach echter Erfahrung. Wir wurden von unserem Schöpfer so geschaffen, dass wir nach Seiner Nähe verlangen und nur durch die Erfahrung Seiner Liebe in uns Erfüllung finden. Deshalb ist es nicht falsch, intensiv um Seine spürbare Nähe zu bitten. Es ist nicht unverschämt, darum zu bitten, Ihn so tief kennen zu lernen, wie wir es uns nur erträumen können. Denn wie viel größer sind Seine eigenen Träume für unsere Herzen! Gott ließ sich bei meiner Schöpfung von Seinem Traum leiten, und dieser Traum ist größer als jede noch so hohe Vision, die ich mir jemals vorstellen könnte. Es wurde schon viel über die Treue Gottes geredet, die uns in unsere Berufung und unsere Bestimmung führt. Aber die höchste Bestimmung, die Gott für uns hat, ist die Gemeinschaft mit Seinem Sohn Jesus Christus. Er wird sich selbst treu sein und jeden von uns an diesen Ort der göttlichen Liebe bringen, mit der Er unsere Herzen füllen will: «Gott ist treu, durch den ihr berufen worden seid zur Gemeinschaft mit seinem Sohn Jesus Christus, unserem Herrn» (1. Kor. 1,9).

Gemeinschaft mit Gott ist mehr als nur das Verlangen nach Ihm. Es ist die Freude an Ihm.

Gemeinschaft mit Gott ist der Ort, aus dem wir hervorgegangen sind und an den wir zurückkehren werden, denn wir wurden dazu geschaffen, Gemeinschaft mit Gott zu haben und nach dieser Gemeinschaft zu verlangen. Das ist keine Anmaßung, sondern angesichts unseres rechtmäßigen und geistlichen Erbes völlig angemessen. Wenn wir danach streben, so verwandelt zu werden, dass wir bei diesem verzehrenden Feuer verweilen können (Jes. 33,14), dann handeln wir in rechter Weise. Vom Garten Eden an galt den Menschen die Einladung, in ungestörter Liebe zu leben – mit ganzem Herzen, ganzer Seele, ganzem Verstand und ganzer Kraft. Wir sind dazu geschaffen, um in immerwährender Gemeinschaft mit dem liebenden Gott zu leben, und aufgrund dieser zentralen Eigenschaft unseres Wesens haben wir das Bedürfnis, in ununterbrochener Verbindung und Beziehung mit unserem Gott zu stehen.

Auch wenn dieser Ort unserem Verstand so weit entfernt scheint, so beschreibt Gott diesen Ort der Fülle der Liebe nicht als mysteriös oder zu weit weg. Dieser Ort ist nicht so hoch im Himmel, als dass wir ihn nicht erreichen könnten. Er geht auch nicht über den Ozean hinaus, sodass wir ihn nicht fassen könnten. Er ist nah. Er ist in unseren Herzen (5. Mose 30,11-14). Gott hat diese Worte gesprochen, um die Lügen zurückzuweisen, die gegen Seinen Bund und Seine ganzherzige Liebe kommen würden. Sicherlich denken wir zuweilen, dass diese Gemeinschaft für uns unerreichbar ist. «Gott offenbart sich mir nicht auf so eine Art und Weise», sagen wir mit hoffnungsloser Stimme. Wir schreiben uns selbst ab, indem wir denken, dass das vielleicht für einen anderen gilt, aber nicht für unser eigenes Herz. Aber diese Schlussfolgerung liegt weit von der Wahrheit entfernt. Unser Gott wünscht sich, dass jeder nicht nur mit dem Verlangen nach Ihm gefüllt wird, sondern dass jeder auch den spürbaren Trost Seiner Nähe erlebt.

Wir denken über die Erfahrung der Liebe als etwas «weit Entferntes». Gerade wenn wir sehnsüchtig nach Ihm rufen, denken wir oft: «Herr, warum bist Du nur so weit weg? Wann wirst Du endlich kommen und mir nah sein?» Wir reden ständig zu Ihm, als ob Er an einen bestimmten Ort gebunden wäre, anstatt die Wahrheit zu glauben, dass Seine Allgegenwart alle Orte in sich birgt. Es gibt keine Höhe, die so hoch ist, dass Er nicht über ihr steht. Und es gibt keine Tiefe, die so tief ist, dass Er nicht *noch tiefer* unter ihr zu finden wäre.

Wenn Er uns gerade so fern scheint, sollten wir nicht gleich schlussfolgern, dass Er uns jetzt straft oder ignoriert. Vielmehr sollten wir uns zuerst fragen, ob Er nicht vielleicht doch nahe ist und wir es nur einfach nicht wahrnehmen. «Wirklich, der Herr ist an diesem Ort, und ich wusste es nicht» (1. Mose 28,16).

Er ist uns nah. Er ist mit uns. Er ist der Hohe, der Erhabene, aber dennoch wohnt Er bei denen, die einen zerbrochenen Geist haben (Jes. 57,15). Und wenn Gott so nah ist, könnte es nicht sein, dass ich Ihn eigentlich besser kenne, als ich mir selbst bewusst bin? Und doch kenne ich Ihn kaum. Wenn Gott so nah ist, dann ist Er nah, bevor ich es erkenne. Und wenn Gott so nah ist, wie weit ist dann mein eigenes Herz davon entfernt, Seine Nähe auch als solche zu erleben? Und dennoch – Gott ist mir nahe. Wenn ich das Gefühl habe, dass Ich Seine Nähe kenne, dann bin ich weit davon entfernt, es mit meinem Verstand erfassen zu können. Mein Geist kennt Ihn in der Tiefe, denn Er wohnt ja in den Kammern meines Geistes. Er ist näher als ein Bruder, Freund, oder Ehepartner. Er wohnt in mir. Er könnte mir gar nicht näher sein. Aber dieses Mysterium scheint uns oft außerhalb jeglicher Reichweite. Als ob ein Teil von mir etwas kennt, was ein anderer Teil noch nicht verstanden hat. Es liegt so weit, so weit entfernt von meinem Verstand. Und mein Verstand ist möglicherweise das Letzte, was an dieser wunderbaren Erkenntnis teilhat. Denn Liebe übersteigt alle Erkenntnis, und da, wo der Verstand eben begrenzt ist, ist die Liebe unerschöpflich. Nochmals – ich

Ich wurde dazu geschaffen,
den Gott zu kennen,
der nahe gekommen ist.
Und ich wurde dazu geschaffen,
Seine Nähe zu erfahren.

wurde dazu geschaffen, den Gott zu kennen, der nahe gekommen ist. Und ich wurde dazu geschaffen, Seine Nähe zu erfahren.

Und so steigt der Ruf in unseren Herzen auf: «O Gott, wenn es in Deinem Herzen Wirklichkeit ist, dass Du mir nah bist, dann lass mich diese Nähe erfahren, in der ich mich ja schon befinde. Ich will Zeiten der Erfrischung nicht als Zeiten des Schweigens bezeichnen, nur weil ich an Deinem Kommen zweifle. Lass mich nicht denken, dass ich diese Trockenheit und Leere akzeptieren muss oder dass ich mich an den Mangel meiner Erfahrung zu gewöhnen habe, weil ich nicht glaube, dass Du kommen wirst. Lass mich vielmehr das Wesen Deines Herzens und Dein Verlangen erkennen, dass Du denen nahe sein willst, die Dich lieben.»

Vieles von unserem Schmerz und unserer Sehnsucht kommt daher, dass wir diese Nähe zu Gott nicht richtig verstehen. Er ist trotz allem nah, auch wenn wir denken, Er sei so fern. Wir erleben manchmal solche «Zeiten des Schweigens« von Gott, aber nicht weil Er da wirklich schweigt, sondern weil wir *glauben,* dass Er *fern* ist. Es hat ganz einfach damit zu tun, dass wir so anders sind als Gott und dass wir Ihn deshalb nicht erkennen. Das schließt nicht aus, dass es echte Zeiten des Schweigens gibt und Phasen eines geistlichen Winters, in denen Er sich absichtlich vor uns verbirgt, um uns dann wieder erneut zur Liebe hinzuführen (ein Beispiel dafür finden wir im Hohenlied Kapitel fünf mit der Braut). Aber oft denken wir, dass wir uns in einer Winterzeit befinden, obwohl wir tatsächlich im Frühling sind. Und wieder hat das einerseits damit zu tun, dass wir daran zweifeln, dass Er uns jemals Seine Nähe erfahren lässt, und andererseits hängt es damit zusammen, dass wir Sein Herz so wenig kennen. Er ist in unserer Welt, aber unsere eigene Welt erkennt Ihn nicht. Wir müssen uns vorsehen, dass wir nicht eine Mentalität entwickeln, die geistliche Dürre als Normalität akzeptiert oder glaubt, dass diese Leere, die wir erleben, Gottes Willen entspricht. In unserer Zeit hat sich eine falsche Denkweise eingeschlichen, die davon ausgeht, dass wir blind im Dunkeln herumtappen, weil Er sich uns nicht offenbaren will. Aber eines müssen wir über Gott wissen: Er ist uns nahe gekommen, weil Er selbst danach verlangt hat, und Er will, dass wir Seine Nähe und Gegenwart erfahren. Das ist Sein Eifer für uns. Er ist kein Gott, der Gefallen daran hat, weit weg zu sein, sondern Er will einer von uns werden, damit Er uns zu sich führen kann. «Denn Gott sprach: Aus Finsternis soll Licht aufleuchten! Er ist in unseren Herzen aufgeleuchtet, damit wir erleuchtet werden zur Erkenntnis des göttlichen Glanzes auf dem Antlitz Christi» (2. Kor. 4,6).

Sein Verlangen nach Gemeinschaft

Er will, dass wir Ihn erfahren. Eine innige Beziehung zu Ihm zu haben und Ihn zu kennen, ist nichts, wonach nur ich alleine verlange. Noch einmal: Ich verlange nach Seiner Gegenwart, weil Er danach verlangt, mir nah zu sein. Ich sehne mich danach, Seine Nähe zu finden, weil Er von mir gefunden werden will. «Sucht ihr mich, so findet ihr mich. Wenn ihr mich von ganzem Herzen suchen werdet, so will ich mich von euch finden lassen ... » (Jer. 29,13-14). Diese Verheißung ist unsere Zuversicht, wenn wir uns nach tiefer Gemeinschaft mit Ihm sehnen. Es ist nichts Außergewöhnliches, einem Menschen zu begegnen, der nach Gottes Nähe verlangt. Denn letztlich hat jeder Mensch auf Erden dieses Verlangen in sich, auch wenn es nicht als solches erkannt wird. Aber ein Gott, der von Seinem Volk gefunden werden will, das ist etwas Außergewöhnliches! Es ist sogar mehr als außergewöhnlich. Es ist unglaublich. Wer ist unter den Göttern so wie Er? (Ps. 86,8).

Es gibt keinen Gott, der danach verlangt, Seine Gegenüber in Seine Nähe zu bringen – außer Einem. Im ganzen Himmel und auf der ganzen Erde, und für alle Ewigkeit gibt es nur einen einzigen Gott, der dieses Verlangen in sich trägt – und das ist unser Gott. «Seit Menschengedenken hat man noch nie vernommen, kein Ohr hat gehört, kein Auge gesehen, dass es einen Gott gibt außer dir, der denen Gutes tut, die auf ihn hoffen. Du begegnetest denen, die Gerechtigkeit übten und auf deinen Wegen deiner gedachten.» (Jes. 64,3-4). Er ist nicht nur der Einzige, der Seine Knechte in Seine Gegenwart geführt hat, Er ist auch der Einzige, der sie Freunde genannt und sie in die erhabene Position gestellt hat, in der Er eine innige Beziehung zu ihnen haben kann.

Dieses Verlangen wurde im Kommen Seines einzigen Sohnes unverkennbar offenbar. Und es ist heute offenbar durch den Heiligen Geist, der in uns wohnt. Nichts ist ein größerer Beweis von Gottes Verlangen, uns Menschen nah zu sein, als die Menschwerdung Seines geliebten Sohnes. «So sehr hat Gott die Welt geliebt, dass er seinen einzigen Sohn gab» (Joh. 3,16). Das ist das Zeugnis von Gottes Verlangen nach Nähe zu uns bis in alle Ewigkeit. In Seinem Blut hat Jesus für immer die Distanz zwischen Gott und Mensch aufgehoben. «Jetzt aber, in Christus Jesus, seid ihr, die ihr einst ferne wart, in die Nähe gekommen durch das Blut Christi» (Eph. 2,13).

Für unseren Wandel hier auf Erden, diesem kleinen Fenster innerhalb der Ewigkeit, hat der Vater uns als Tröster für unsere Seelen den Heiligen Geist gegeben. Der Geist, der in uns wohnt, ist der unwiderlegbare Beweis für Gottes Wunsch nach Nähe zu uns. Er hat uns von Seinem Geist gegeben. Und diese Person des Heiligen Geistes könnte uns nicht näher sein. Er wohnt in uns! Wir als einzelne Menschen sind die Tempel, in denen Er Wohnung genommen hat, nicht nur jetzt, sondern für alle Ewigkeit. «Und ich werde den Vater bitten, und er wird euch einen anderen Beistand geben, der für immer bei euch bleiben soll. Er ist der Geist der Wahrheit, den die Welt nicht empfangen kann, weil sie ihn nicht sieht und nicht kennt. Ihr aber kennt ihn, weil er bei euch bleibt und in euch sein wird» (Joh. 14,16-17).

Gemeinschaft mit dem Heiligen Geist

«Die Gnade unseres Herrn Jesus Christus und die Liebe Gottes und die Gemeinschaft des Heiligen Geistes sei mit euch allen!» — *2. Korinther 13,14*

In einer der letzten Stunden, die Jesus und Seine Jünger gemeinsam verbrachten, teilte Er ihnen mit, dass Er fortgehen und sie alleine lassen würde. Nachdem Er ihnen das gesagt hatte, tröstete Er sie mit den Worten: « ... Doch ich sage euch die Wahrheit: Es ist gut für euch, dass ich fortgehe. Denn wenn ich nicht fortgehe, wird der Tröster nicht zu euch kommen. Wenn ich aber gehe, will ich ihn zu euch senden» (Joh. 16,7). Mit diesen Worten hat Jesus ein Fenster zu einer der erstaunlichsten Offenbarungen über die Herrlichkeit des Neuen Bundes geöffnet. Jesus sagte etwa Folgendes: «Ihr habt Meine Gegenwart auf Erden erlebt. Ihr seid mit Mir gewandelt, habt mit Mir geredet, ihr kennt Mein Lachen und Meine Tränen. Ihr seid wahrhaftig Meine Freunde. Ich sage euch aber die Wahrheit: Es gibt ein Mysterium im ewigen Plan der Gottheit, das alle Nähe übertrifft, die ihr bisher erlebt habt. Wenn Ich fortgehe, werde Ich euch eine Gabe schenken, die alle Freude übersteigt. Eine Freude, die ihr nicht erleben könnt, wenn ich hier bleiben würde. Und dieses Geheimnis ist, dass ich durch den Heiligen Geist in euch wohnen werde.» Mit diesen Worten weist Jesus darauf hin, dass die Worte des Lebens, die Er bisher zu seinen Freunden gesprochen hatte, von nun an durch den Heiligen Geist in ihren Sinn und auf ihre Herzen geschrieben werden (Hebr. 8,10).

Unser Gott ist uns näher gekommen, als je ein Mensch oder ein Engel es für möglich gehalten hätte. In unserem Geist wohnt die dritte Person der Gottheit. Wir stehen vor einem Gott, der sich unseren Herzen geschenkt hat – der in den Herzen der Menschen wohnt. Er hat Seinen Geist in unser Innerstes ausgegossen, was uns zu Tempeln des lebendigen Gottes macht. So wohnt eine unglaubliche Welt in jedem einzelnen Gläubigen. Es ist die Welt der *Liebe Gottes*. «... Das Reich Gottes ist mitten unter euch» (Lk. 17,21). Der Gott, der Liebe ist, wohnt durch Seinen Geist in uns (1. Joh. 4,16). Er hat uns etwas geschenkt, das über unser Verstehen hinausgeht. Er hat uns eine Person gesandt, damit wir selbst Gemeinschaft mit Gott erfahren können. Wir müssen Ihm nicht nachlaufen wie einem schwindenden Schatten, den wir zu greifen versuchen. Wir werden

Ihn vielmehr als den in uns wohnenden Freund suchen und finden, der uns ganz nahe ist.

Der, der als wunderbare Gabe Gottes (Joh. 4,10) vom Vater ausgeht (Joh. 15,26), ist ein Ozean göttlicher Liebe, ein fließender Strom der Zuneigung, ein stetiger innerer Fluss der Liebe, eine übernatürliche Sturmflut der Leidenschaft. Er ist der, den der Vater gesandt hat, um die Liebe Gottes in unsere Herzen auszugießen (Röm. 5,5). In Ihm haben wir die Gemeinschaft mit dem Geliebten. Er ist derjenige, der die Tiefen des Herzen Gottes erforscht. Seine Hauptaufgabe besteht darin, unseren Herzen die Person Jesus Christus zu offenbaren. Er ist dafür verantwortlich, uns in eine innigere Beziehung und Liebe zum Sohn Gottes zu bringen – und dessen können wir gewiss sein: Er liebt Seine Aufgabe! Wie sehr gefällt es Ihm, die Söhne Gottes in eine größere Gemeinschaft und zur wahren Erkenntnis Jesu Christi zu führen!

Er ist der, den der Vater gesandt hat, um die Liebe Gottes in unsere Herzen auszugießen.

Wir erleben die Nähe zu Gott durch die Gemeinschaft mit dem Heiligen Geist. Er ist die Quelle, deren Wasser zum ewigen Leben quillt und die den Durst derer stillt, die von ihr trinken (Joh. 4,14). Er ist der Strom lebendigen Wassers, der von unserem Herzen fließt, wenn wir an Ihn glauben (Joh. 7,37). Sein Werk ist es, Jesus zu verherrlichen, indem Er uns Jesu Herz offenbart und uns Erkenntnis von Ihm schenkt. Er ist gekommen, um uns völlig in die Liebe Gottes einzutauchen, sodass keine einzige Stelle unseres Herzens übrig bleibt, die nicht mit der Fülle Seiner Herrlichkeit durchdrungen wäre. Das Geheimnis Gottes dreht sich um diesen brennenden Liebhaber, den Heiligen Geist, der errettete Menschen verzehrt und in die Gemeinschaft mit Gott bringt.

Unsere höchste Berufung im Leben ist diese: *ein Leben zu leben, das ganz in Gott verborgen ist.* Und es ist der Heilige Geist, der dieses Werk in uns vollbringt. Gott vereint uns mit sich selbst, indem Er kommt und in uns wohnt. Unser Gott hat es uns ermöglicht, vom Tod in das Leben hinüberzugleiten, indem wir uns in Ihn versenken. Wenn wir in Seine Gemeinschaft eintauchen, dann ist das die höchste Darstellung Gottes auf Erden. Es ist die Vereinigung zwischen Gott und Mensch. Die Engel können nur aus der Ferne dieses Geheimnis erspähen, in das Gott alle mit hineingenommen hat, die Ihn lieben.

Dieser in uns wohnende, lebendige Christus lässt uns von der Nähe zum Dreieinigen Gott und Seiner Liebe trinken, damit unsere Seelen *diese herrliche Verwandlung* erleben. «Wir alle spiegeln mit enthülltem Angesicht die Herrlichkeit des Herrn wider und werden so in Sein eigenes Bild verwandelt, von Herrlichkeit zu Herrlichkeit, durch den Geist des Herrn» (2. Kor. 3,18). Durch das Schauen auf Gott, den Heiligen Geist, werden wir von Herrlichkeit zu Herrlichkeit verwandelt.

Wir empfangen Seine verwandelnde Liebe im Gebet, während der Heilige Geist uns im Innern berührt. An diesem Ort der Gemeinschaft wird die Liebe durch Seinen Geist in uns hineingegossen. Hier tauchen wir ganz ein in die göttliche Liebe, während wir uns selbst darin verlieren. Hier sind wir zu nichts anderem als zu liebeskranker Anbetung fähig. Wenn Er uns mit Seiner göttlichen Liebe füllt, dann werden wir zu Menschen einer anderen Welt. Wir erreichen den Punkt, an dem es «kein Zurück mehr gibt». Das geschieht jedoch nicht durch unsere Willenskraft, sondern durch unersättliche Leidenschaft und beständige Freude. Dieses Eintauchen in Seine Liebe ist unsere höchste Berufung. Aus dieser göttlichen Versenkung geht alles andere hervor. Von diesem Ort aus lieben wir. Von diesem Ort aus dienen wir. Von diesem Ort aus leben wir.

Wir erleben die Nähe zu Gott durch die Gemeinschaft mit dem Heiligen Geist.

Gemeinschaft ohne Sprache

Der Weg zu diesem «Sich-Versenken« fängt damit an, dass ich meine Gedanken mit den Worten Gottes fülle, sodass der Heilige Geist sie in meinem Inneren entzünden kann. Geist und Wahrheit müssen sich in mir vereinen. Die Wärme dieser Verschmelzung lässt die Wahrheit Gottes in mir lebendig werden und entfacht mein Herz zu ganzherzigem Gehorsam. Wenn meine Gedanken in Einklang mit der Wahrheit treten und ich diese Wahrheit liebevoll vor Ihn bringe, dann berührt der Heilige Geist diese Wahrheit mit Seinem Feuer. Wort und Geist werden eins, und ich spüre den Kuss des Wortes Gottes in meinem Herzen. Das Wort Gottes ist lebendig. Es ist eine lebendige Flamme.

Es ist ein Feuer von übernatürlicher Beschaffenheit, das außerhalb von Raum und Zeit, und doch mitten in Raum und Zeit lebt. Es ist das Ewige, das in das Zeitliche gesandt wurde. Das Wort Gottes wird in mir zu einem lebendigen Feuer, wenn es sich mit dem Geist vereint, der in mir wohnt. Darin liegt wahre Anbetung (Joh. 4,23-24). Darin liegt Gemeinschaft. Wenn wir Sein Wort halten und es beständig in uns wohnen lassen, wird die Liebe Gottes in uns vollkommen (1. Joh. 2,5). Wenn wir an diesem Ort der Gemeinschaft mit Gott wohnen, dann schreibt Er Seinen Namen in unsere Herzen und unsere Gedanken (Jer. 31,33-34). Er entzündet lebendige Flammen in den Herzen Seiner Freunde.

Wenn wir Sein Wort halten, dann werden wir schnell merken: Sein Wort ist mehr ist als nur die Gedanken einer Lehre, Predigt oder eines wissenschaftlichen Studiums. Es sind Gedanken und Wahrheiten über Gott, die die verborgensten Stellen unseres inneren Menschen erreichen. Wenn sie den Geist berühren, wird eine Kraft frei, die an eine Explosion erinnert. Dies ist die Kraft Gottes, die den schwachen Menschen im Inneren stärkt (Eph. 3,16). Es fängt mit Worten an und endet mit brennender Realität. Aus Konzepten werden wirkliche *Erfahrungen* in Gott. Die Wahrheiten Gottes nehmen immer mehr Raum in uns ein und schreiten weit über die

Sein Wort ist mehr als nur die Gedanken einer Lehre, Predigt oder eines wissenschaftlichen Studiums. Es sind Gedanken und Wahrheiten über Gott, die die verborgensten Stellen unseres inneren Menschen erreichen.

natürlichen Begrenzungen von Raum und Zeit hinaus. Sie sind grenzenlos, denn sie sind lebendige Wahrheiten der Liebe, die für ewig bestehen. Sie fangen als Worte an, denn Silben und Formulierungen sind äußere Verpackungen, die sehr reale Wahrheiten enthalten. Aber wenn diese in Worte verpackte Realitäten in die Kammern unseres inneren Wesens vordringen, dann haben sie damit das entsprechende Gefäß gefunden. Und mit der Zeit werden die Worthülsen, die ihnen einst als Halt dienten, zur Seite geworfen, weil sie nicht länger benötigt werden.

Die Sprache zieht sich zufrieden zurück, denn sie hat den ihr von Gott zugewiesenen Auftrag ausgeführt – die Flamme brennt nun von alleine.

Die lebendige Substanz lebt nun im menschlichen Herzen. «Gott ist Liebe» ist eine Realität, die ewig fortbesteht, und deshalb kommen Worte und Silben nur vorübergehend zu Hilfe. Sie sind nur Träger für diese Realität – und zwar so lange, bis die Wahrheit ihr Zuhause an dem geheimen Ort des menschlichen Herzens gefunden hat.

Ich stelle mir vor, wie der Heilige Geist, der Wind Gottes, diese Worte und Formulierungen unter Seine Flügel nimmt und in das Zentrum meines Wesens brausen lässt. Dort haucht Er sie an, und während ich ausdauernd und mit viel Liebe über sie nachsinne, entzünden sie sich schließlich zu einer lebendigen Flamme. An diesem Punkt sind weder Worte noch Begriffe mehr nötig. Sie haben ihre Pflicht erfüllt. Die Sprache zieht sich zufrieden zurück, denn sie hat den ihr von Gott zugewiesenen Auftrag ausgeführt – die Flamme brennt nun von alleine. Sie bleibt in den Begrenzungen dessen, was mitgeteilt werden kann, aber die brennende Realität, die einst Gedanken und Konzepte benötigte, um verstanden zu werden, nimmt mich nun auf ihren Flügeln in die Erfahrung der Liebe hinein, die alle Erkenntnis übersteigt.

Gemeinschaft im Gebet

«... Ich beuge meine Knie vor dem Vater ... dass er euch Kraft gebe nach dem Reichtum seiner Herrlichkeit, stark zu werden durch seinen Geist an dem inwendigen Menschen. Dass Christus durch den Glauben in euren Herzen wohne und ihr in der Liebe eingewurzelt und gegründet seid, damit ihr mit allen Heiligen begreifen könnt, welches die Breite und die Länge und die Höhe und die Tiefe ist – und die Liebe Christi verstehen, die alle Erkenntnis übersteigt, damit ihr erfüllt werdet mit der ganzen Gottesfülle.»

Epheser 3,14-19

Bevor wir dieses wunderbare Thema abschließen, müssen wir noch einen kurzen Blick darauf werfen, wie wir nun von Tag zu Tag in diese Gemeinschaft der Liebe hineinwachsen können. Wir tun dies einfach, indem wir in betender Liebe vor Ihm verweilen. Wenn wir Tag für Tag in hingebungsvollem Gebet vor Ihn treten, dann begeben wir uns damit an den Ort, an dem die Gemeinschaft mit Jesus auf uns wartet. Wir bringen unsere kalten Herzen vor das Feuer Seiner glühenden Liebe und setzen uns zu Seinen Füßen, so wie Maria es tat und ihr Herz voller Bewunderung und Anbetung auf Ihn richtete. Mit geöffneten Augen unseres Herzens richten wir unseren Blick auf den Heiligen Geist, der in uns wohnt, und sprechen sanfte Worte der Liebe und Dankbarkeit aus. So bringen wir unsere Herzen in eine Haltung, die Seine Liebe empfangen kann. Manchmal warten wir in der Stille und empfangen Seine Liebe auf sanfte Weise. Unser Teil ist es, vor Ihn zu kommen und den Blick unseres Herzens in Liebe auf Den zu richten, Der in uns wohnt. Und Sein Teil ist es, unsere Herzen mit Seiner Liebe zu entfachen und uns auf übernatürliche Weise mit Seiner Liebe zu füllen.

Und genau dazu hat sich der Heilige Geist verpflichtet. Er sehnt sich danach, aus den Reihen der Menschen feurige Liebhaber Jesu hervorzubringen. Wenn wir vor Ihn kommen und in Liebe und Anbetung dort verharren, bringt Er Seine Liebe in uns zum Überfließen. Er stärkt uns an unserem inwendigen Menschen mit der Kraft Seiner Liebe und lässt uns erfahren, wie hoch und wie weit, wie tief und wie breit die Liebe Christi ist. Er bringt uns immer mehr in die Fülle Gottes hinein. Das ist Seine Freude und Wonne. O Du gesegnete Dritte Person der Gottheit! Wie sehr lieben wir Deinen Eifer für unsere schwachen Herzen! Nimm uns mit – darum bitten wir Dich – in die Fülle der göttlichen Liebe, nicht nur bis an den Rand, sondern immer weiter in Deine Fülle, bis wir verwandelt sind. Lass uns im heiligen Schmuck der geläuterten Liebe für unseren Geliebten Jesus bereit sein!

O JESUS! Wie sehr verlangen wir nach Gemeinschaft mit Dir! Wie sehr sehnen wir uns nach jeder Enthüllung von Deinem Wesen und nach jedem Kuss Deines Wortes auf unseren Herzen! Die unvergleichliche Freude Deiner Liebe hat die Heiligen durch die ganze Menschheitsgeschichte hindurch dazu veranlasst, den unheilbar liebeskranken Pfad der göttlichen Freude zu beschreiten. Wir haben geschmeckt und gesehen, dass Du gut bist! Wir werden niemals wieder mit weniger zufrieden sein können als mit Deiner göttlichen Liebe. Wir wollen nur in Deiner Liebe bleiben und von diesem Feuer verzehrt werden. Denn wahrlich, Deine Liebe ist besser als Wein, besser als Leben. Das ist unser Lohn, unser Leben, unser Atem, unser Alles!

O, wie viel Liebe hat Er uns durch diese Beziehung erfahren lassen. O, wie sehr hat Er unsere Herzen durch diese Liebe für sich gewonnen! Und wie gut bereitet uns diese Gemeinschaft auf jeden dieser vielen Tage vor, an denen Seine Gegenwart unserer Erfahrung so fern zu sein scheint. Welch starken Halt finden wir doch in Ihm für Zeiten, in denen wir nur an einen unsichtbaren Gott glauben und auf eine bisher ausgebliebene Antwort hoffen können.

Mit Christus verborgen

Ich bin gestorben. So, wie ich es gebetet habe, hilf mir, Herr, wirklich zu sterben. Nur die, die sich selbst gestorben sind, sind frei – freie, unbekannte Gesichter, die in Ihm verborgen sind. Wenn sie gesehen werden – und sie können nur von denen gesehen werden, die Gott wahrhaftig lieben – werden sie nur in einem Schatten gesehen. Sie erscheinen nur in einem flüchtigen Schein, und dann sind sie wieder fort. Die, die gestorben sind. Sie sind frei. Nicht gebunden an Worte, ob diese Lob oder Kritik enthalten. Sie sind nicht mehr durch ihre körperliche Substanz gefangen, die verwundet und niedergedrückt werden kann. Sie fahren auf den Flügeln der Freiheit auf und schweben über den Dingen der Erde.

Verborgen mit Christus in Gott. Nur Du siehst mich wirklich. Nur Du weißt, wer ich wirklich bin, und nur Du siehst den wahren Schatz, der tief in mir verborgen ist. Nur Du kannst das Lied meines Herzens hören, denn es ist in Dir verborgen. Und an jenem herrlichen Tage, wenn Du durch Gott offenbar wirst, wenn Du mein Leben, mein Atem, mein Lied, mein Herz, offenbar wirst … an jenem Tage werde auch ich mit Dir offenbar werden in Deiner Herrlichkeit. Aber jetzt bin ich verborgen. Ich lebe unter denen, die gestorben sind. Und dort bin ich frei von allem Irdischen und Vergänglichen. Nur Deine Augen sehen mich. Nur Du siehst mich in der Wahrheit. Ich bin mit Dir verborgen in Gott.

Kapitel 9

Nicht sehen, und doch glauben

Wir haben uns mit einem Ozean vereint, und wir haben uns an eine Welt gebunden, die unsichtbar ist. Wir lassen uns nicht nur auf eine *Bindung* ein, sondern auf einen *freien Fall.* Ja, ich binde mich an diesen Ozean, aber noch mehr, ich lasse mich in die Fluten dieses Stromes fallen. Und während ich in die Tiefen stürze, steigt in mir eine letzte Bitte auf: *«Dein Wille geschehe!»* In Seine Hände befehle ich meinen Geist (Ps. 31,5). Ich bin gestorben und lebe hinfort nicht mehr. Ich habe keine Rechte mehr. Ich versenke mich in die Tiefen des unendlichen Gottes. Ich bin für immer Sein. Ich habe Seinen Namen angenommen, meine ganze Identität ist in Ihm. Ich weiß nicht, wohin mich die Fluten dieses Stromes führen werden, ich weiß nur, dass sie mich in immer tiefere Tiefen und in eine größere Liebe ziehen werden. Ich lasse mich mit offenen Armen fallen, behalte nichts für mich zurück und erhebe keinen Anspruch mehr auf irgendeinen Bereich meines Lebens. Mein Leben gehört mir nicht mehr, denn ich wurde mit einem Preis erkauft. Ich habe mich freiwillig in die Verborgenheit versenkt – verborgen mit Christus in Gott. Wenn Er offenbar wird, werde auch ich mit Ihm offenbar werden (Kol. 3,4).

Im Unsichtbaren schweben

Wenn wir den Ort hinter uns lassen, an dem wir Menschen gedient haben, und wenn wir nun ganz allein vor dem Einen leben, dessen Augen mit feurigen Flammen brennen, dann begeben wir uns auf unbekanntes Terrain. Wir haben bereits am Prozess des Erwachens gesehen, dass Gott vor allem durch Wüstenzeiten Veränderung in uns hervorbringt. Hier in der Wüste sind wir nicht mehr in der Lage, unseren Wert an unserem Erfolg zu messen – oder zumindest an dem, was die Welt als Erfolg bezeichnet und was vor den Augen der Menschen erfolgreich ist. Wir lassen den alten Maßstab zurück, denn für Gottes Wege ist er nicht geeignet. Wir verlassen die falsche Identität, die sich an dem Ansehen, der Begabung, unserer Bekanntheit oder unserem Einfluss vor Menschen festgemacht hat, und wagen den Sprung in die große unbekannte Welt der verborgenen Realität unserer ewigen Identität in Gott. Indem wir diese Hürde überwinden, lassen wir uns auf ein großes Risiko ein, denn wir trennen uns von all dem, was uns vertraut ist. Wenn wir den Bereich des Sichtbaren hinter uns lassen und uns dem Unsichtbaren hingeben, dann ist das ein kühnes Unterfangen, bei dem nur der Glaube der Anker unserer Seelen ist. Wir springen freiwillig von der Klippe unserer alten Identität, ohne die neue bereits genau zu kennen. Auch wenn wir im allgemeinen Sinne wissen, wer wir als die errettete Gemeinde, als Leib Jesu Christi sind, so ist unserem Verständnis doch fast völlig verschlossen, welche Geheimnisse Er in uns hineingelegt hat und welchen Stellenwert wir persönlich an diesem Ort der Verborgenheit vor Ihm haben. Wir tauschen das, was wir immer schon wussten und was uns andere schon immer über uns selbst gesagt haben, gegen ein Buch mit leeren Seiten ein. Wir lassen all die alten Stimmen zugunsten der Einen Stimme hinter uns, die uns zeitweise sehr schweigsam erscheint. Am Anfang zeigt Er uns nur sehr wenig über unsere wahre Identität in Ihm, weil Er will, dass wir dieses «Wegfallen» der alten Wege bewusst erleben und dazu bereit sind, mit Augen des Glaubens in den unsichtbaren Bereich einzutreten.

Wir begegnen dem Schmerz der Unfruchtbarkeit unserer Seelen. Dort, wo wir dachten, dass wir so viel von Ihm wüssten, sind wir auf einmal mit der Realität konfrontiert, wie wenig wir Ihn eigentlich kennen. Wir hängen eine Zeit lang zwischen zwei Welten – einerseits haben wir unsere alte Identität losgelassen, aber andererseits sind wir immer noch so fern von unserer ewigen Identität in Ihm. Und während wir in der «Schwebe» hängen, beten wir: «Gott möge mich wiegen auf einer rechten Schale, so wird er meine Unschuld erkennen» (Hiob 31,6).

In dieser Zeit der «Schwebe» vollzieht sich langsam und fast unmerklich eine Verlagerung. Unser «Gold» und alles, was wir sind, wird vom Sichtbaren in den verborgenen Bereich des Unsichtbaren verlagert. «... wirf in den Staub dein Gold ... so wird der Allmächtige dein Gold sein und wie Silber, das dir zugehäuft wird. Dann wirst du deine Wonne haben an dem Allmächtigen» (Hiob 22,24-25). Woran wir uns nun hängen, hat nicht mehr die Substanz des Zeitlichen, sondern des Ewigen. Wir sind in Christus verborgen, bis Er offenbar wird – und wir mit Ihm. Wir verlassen den Bereich der verbalen Kommunikation und lassen uns in dem Raum des vorübergehenden Schweigens der ewigen Realität nieder.

Dieser Ort hat seinen Preis – unsere Verborgenheit. Wir müssen das Schweigen aushalten.

Dieser Ort hat seinen Preis – unsere Verborgenheit. Wir müssen das Schweigen aushalten. Und niemand kann mehr wahrnehmen, wer wir sind, außer die wenigen, die ein Auge für die Ewigkeit haben. Wir können uns nicht mehr mitteilen, außer mit einigen gebrechlichen und völlig unzureichenden Worten, die unsere Identität vor Ihm gar nicht fassen können. Der Schmerz ist die Namenlosigkeit. Obwohl wir in Wahrheit alles andere als namenlos sind, haben wir doch den neuen Namen noch nicht gehört, den Er uns gegeben hat, und den wir bis in alle Ewigkeit tragen werden. Das ist der Preis, um an diesen Ort zu gelangen, aber wie sehr lohnt sich dieses Opfer! Genau dieser Kampf bringt mit der Zeit Kraft und Stärke in uns hervor. All unsere Reichtümer und unser

Erbe verlagern wir in den unsichtbaren Bereich der Ewigkeit. Wir wünschten, dass wir diesen Bereich erfassen könnten, aber wir können es nicht. Er ist verborgen. Er ist hinter einem Schleier. Aber er ist da. Durch das Zeugnis des Heiligen Geistes in uns erkennen wir immer mehr, dass wir einen ganz festen Platz in dieser realen Welt jenseits des Sichtbaren haben.

Unsichtbare Verwandlung

An diesem Ort der Verborgenheit, wo wir uns unter die Hand beugen, die uns in die Wüste geführt hat, findet eine große Verwandlung statt. Er hat uns an diesen Ort geführt, damit Er uns durch Seine Liebe in Sein Ebenbild umgestalten kann. Er hat uns auf eine Reise zu Gemeinschaft und Fülle gestellt, und da, wo wir uns Ihm uneingeschränkt hingeben, werden wir verändert und Seinem Bild immer ähnlicher. Christus nimmt immer mehr Gestalt in uns an (Gal. 4,19). Und je ähnlicher wir Ihm werden, desto mehr werden wir Seine Nähe erleben.

Dies weist uns auf einen wichtigen Punkt hin, warum wir in dieser Wüstenzeit Seine Gegenwart so oft nicht spüren. Eine Ursache dafür, dass es so lange dauert, bis wir seine Nähe spüren können, liegt in unserer Andersartigkeit von Ihm. Wir gleichen Seinem Bild noch zu wenig. Wenn wir Gottes Gegenwart nicht erfahren, wenn unsere Gebete um Seine spürbare Nähe scheinbar nur mit Schweigen beantwortet werden, dann hat die Distanz, die wir spüren, viel damit zu tun, dass wir Ihm noch nicht ähnlich genug sind und Ihn daher nicht erkennen können. Er ist nah, aber wir sind unfähig, es wahrzunehmen.

Aber das sollte uns nicht beunruhigen, denn genau deshalb sind wir ja an diesem Ort – und wir sind genau da, wo Er uns haben will. Er ist dabei, uns in Sein Bild zu verwandeln, damit uns nichts mehr daran hindern kann, die Nähe zu Gott, die uns schon gegeben ist, auch zu erleben. Er strebt danach, uns an den Punkt zu führen, wo wir Ihn *wirklich* erfahren und Seine Stimme hören. Er verändert uns in der Tiefe, damit wir die Fülle Seiner Liebe und die Weite Seines Wesens erkennen. Je mehr wir am inwendigen Menschen erneuert und verwandelt werden, umso tiefer wird unsere Erfahrung der innigen Beziehung zu Gott. Aber diese Erneuerung ist in der Tat ein Prozess und eine Reise. In diesem Prozess haben wir viel zu lernen; nicht nur, was das Erleben der Gegenwart Gottes und das Hören Seiner Stimme angeht, sondern auch den Umgang mit diesen göttlichen Verzögerungen und der göttlichen Schweigsamkeit. Gerade dann, wenn wir mit Gottes Schweigen konfrontiert sind, vollzieht sich dieser verborgene Prozess der Verwandlung am stärksten.

Das unsichtbare Werk von Gottes Schweigen

Wir bitten Ihn, dass Er kommt, wir sehnen uns nach Seiner Gegenwart, aber wenn Er auf sich warten lässt, leiden wir darunter. Wir sind voller Schmerz. Aus tiefem Herzen rufen wir zu Ihm und bringen unsere Bitten und das Verlangen unseres Herzens vor Ihn. Doch unser Schmerz und Kummer ist noch viel größer als der, der uns ursprünglich an diesen Ort des sehnlichen Verlangens getrieben hat. Er führt uns durch Prüfungen und läutert unser Verlangen mit Seinem Feuer. *Er verwandelt unsere erhabenen Worte in tiefe Realitäten.* Unter der Hand Seiner Läuterung werden unsere Stimmen schwach. Tränen strömen über unser Gesicht, denn wir wissen nicht, worauf Er aus ist, und unser natürlicher Verstand kann diesen Prozess der Liebe nicht einordnen.

Er verwandelt unsere erhabenen Worte in tiefe Realitäten.

In diesen Zeiten erhält Er uns aufrecht, indem Er den Atem des Lebens leise in unsere Herzen haucht, sodass wir neue Kraft finden. Durch diese Erneuerung erheben wir wieder unsere Stimmen mit frischer Zuversicht und Hoffnung, dass Er zu uns kommen wird. Immer und immer wieder bewegen wir uns durch diese Höhen und

Tiefen. Zeiten des Hoffens, Zeiten des Verzagens, und beide sind notwendig. Auch wenn wir Ihn nicht wahrnehmen können, so kümmert Er sich doch ganz persönlich um das Gedeihen unserer Liebe, indem Er uns sanft leitet und unsere Herzen vorsichtig hegt und pflegt wie eine zarte Pflanze, die Ihm teuer ist.

Er lässt unsere Herzen aushungern und läutert unser Verlangen, während Er gleichzeitig im Stillen unsere Hoffnung und unsere Kraft aufrechterhält. Auf diese Weise bringt Er ein Herz hervor, das nur eine einzige Lebensader besitzt. Er macht sich selbst zur einzigen Liebe und zum einzigen Anker unserer Herzen, indem Er uns so aushungern lässt, dass wir nur noch durch Ihn allein leben können. Durch diese unvermeidbare Wüstenzeit bereitet Er uns für Seine Gegenwart vor. In Seinem scheinbaren Fernbleiben meißelt der Schmerz in unserer Seele alle falschen Motivationen hinweg und rückt das noch Krumme in unseren Herzen gerade. Der Schmerz lässt uns das Unwichtige als wirklich unwichtig, und alles Wichtige auch als wirklich wichtig sehen. Er dehnt und erweitert unser kleines Fassungsvermögen weit über das hinaus, was wir selbst dachten, ertragen zu können. Er bahnt den Weg für Sein Kommen durch den Prozess des Ausharrens und den Schmerz der Verzögerung. Und schließlich fangen wir an, uns anzulehnen. Wenn wir Ihn zuvor *brauchten,* so *klammern* wir uns jetzt an Ihn. Es gibt nichts und niemanden mehr, zu dem wir zurückkehren könnten. Um seinetwillen haben wir alles verkauft und werden nirgends mehr Erfüllung finden als in Seiner Gegenwart. In diesen Zeiten bittet Er uns, *Seiner Liebe zu gedenken,* auch wenn alle Umstände uns das Gegenteil beweisen wollen. Diese Aufforderung finden wir in Seinem Schweigen. Käme die Aufforderung in Form von hörbaren Worten und spürbarer Gegenwart, dann würden wir viel bereitwilliger und schneller darauf reagieren. Aber der Eine, der unsere Seelen liebt, weiß, dass wir Seine Bitten nicht unbedacht und in Eile beantworten können. Unsere Antwort muss mit Glauben gefüllt sein. Wir schauen in die dunkle Wolke des Ungewissen und sehen dort mit den Augen des Glaubens das Herz unseres Geliebten.

Wir müssen lernen, mit den in uns aufbrechenden Fragen in rechter Weise umzugehen. Wir hinterfragen Seine Distanz. Wir fragen nach den Gründen für Sein Fernbleiben und für den scheinbaren Entzug Seiner Nähe. Seine Wege sind uns ein Rätsel, und gerade dann erhebt sich jede nur denkbare Anklage, die uns von den falschen Motiven Seines Herzens überzeugen will. Wir sind dazu gezwungen, uns zu entscheiden: «Werde ich mich über jeden Zweifel an Seinem Charakter und Seiner Liebe für mich hinwegsetzen und einer Aufforderung nachkommen, die ich nicht einmal mit eigenen Ohren gehört, sondern nur vom Hörensagen vernommen habe? Werde ich das jetzt tun, was ich Ihm versprochen habe, und mich daran erinnern, dass alle Seine Wege voller Liebe sind, und dass dieses Schweigen, so trostlos und leer es auch ist, in Wahrheit mit dem verborgenen Reichtum Seiner Liebe gefüllt ist? «Wir wollen Deiner Liebe gedenken» (Hohelied 1,4).

Unsere vielen *Jas* zu Ihm müssen am Ende der Reise eine Geschichte ergeben. Wir werden dieses *Ja* so viele Male auf unserer Reise sagen, und am Ende wird es Tausende von Entscheidungen in sich tragen. Wir sagen *Ja* zu Ihm, den wir nicht sehen können, und reagieren auf eine Aufforderung, die wir nie mit eigenen Ohren gehört haben. Durch Glauben deuten wir Sein Schweigen als Einladung, Ihm unsere Liebe zu schenken. Wir entscheiden uns dazu, zu glauben, dass alle Seine Wege voller Liebe sind. Und so dürfen wir wissen, dass Sein Schweigen nicht die Zurückweisung unserer Bitten, sondern das Werk der Liebe in unseren Herzen ist. Auf das verborgene Werben des Heiligen Geistes hin erheben wir uns, während es immer noch Nacht ist in unserer Seele, und wir sagen: *«Ja. Ja zu allem, was Du bist. Zu allen Deinen Wegen. Ich glaube an Deine Liebe. Ich werde keine anderen Liebhaber haben als Dich. Ich glaube, dass sogar Dein Schweigen Deine Liebe für mich ist, und ich sage ‹Ja› zu Deinem Handeln an meinem Herzen. Habe freien Raum in meinem Herzen und führe mich in die Fülle der Liebe.»*

Wir hinterfragen Seine Distanz. Wir fragen nach den Gründen für Sein Fernbleiben und für den scheinbaren Entzug Seiner Nähe.

Im Hohenlied Kapitel 5 finden wir ein Bild für Jesus, wie Er der Magd in den Gewändern Gethsemanes erscheint. Sein Haupt ist mit dem Tau der Nacht bedeckt. Er stellt ihr die gleiche Frage, die Er Seinen schläfrigen Jüngern in jener einsamen Nacht im Garten gestellt hat: «Wirst du mit Mir wachen? Wirst du diese Nacht mit Mir aushalten und Gemeinschaft mit Mir haben, wenn sie auch noch so finster ist?» Als die Magd aufsteht, um mit Ihm zu gehen, ist Er fort. Das Schweigen beginnt. Diesmal hat Sein Schweigen jedoch nichts mit ihrer Unreife zu tun. Es hat auch nichts damit zu tun, dass sie Ihm so wenig gleicht, sondern jetzt entzieht Er ihr Seine Gegenwart, um ihre gereifte Liebe zu Ihm zu läutern und zu vertiefen. Er hat ihr die Einladung gegeben, mit Ihm zu leiden, aber den folgenschwersten Teil dieses Leidens erfährt sie gerade dadurch, dass Er sie alleine lässt. Das größte Leid des Lammes war das Schweigen des Vaters, während Es am Kreuz hing. Es war nicht das Geißeln, das Schlagen, der Hohn der Menschen und nicht einmal die Ablehnung vonseiten Seiner Freunde. Es war die Abwesenheit des Vaters, die so unerträglich war, dass Sein Herz vor Leid zerbrach.

Aber aufgrund des Kreuzes und der Erlösung werden wir niemals wieder von Seiner Liebe getrennt sein. Wir werden niemals erleben müssen, was Jesus am Kreuz erlebt hat. Er wird uns niemals Seinen Rücken kehren. Er wird uns niemals abweisen. Aber Er führt uns durch Zeiten, in denen Er uns Seine spürbare Gegenwart entzieht, um eine noch größere und stärkere Liebe in unseren Herzen hervorzubringen. Er läutert unsere Liebe durch das Feuer Seiner Abwesenheit. Es gibt zwei Seiten der Liebe: den Freudentanz und das Klagelied. Man kann die Fülle der Liebe nicht erleben, wenn man nicht von beiden Kelchen getrunken hat. Er nimmt uns die Erfahrung Seiner spürbaren Nähe, und wir finden stattdessen die Schläge und Verwundungen durch die Wächter. Wir begegnen dem Schmerz, der uns durch andere um uns herum zugefügt wird, die sagen: «Wo ist Er denn jetzt? Warum rufst du nicht nach Ihm, wenn es Ihn wirklich gibt?»

Dies ist die größte Prüfung unserer Herzen. Es ist eine zweifache Prüfung: einerseits die Abwesenheit unseres Geliebten, andererseits das Vorhandensein all der quälenden Gedanken und Leiden. Alle Stimmen um uns herum und alle Umstände in unserem Leben deuten darauf, dass Er uns verlassen hat. Und vom Himmel erklingt nur die Antwort des Schweigens. Das Lamm wartet. Er wartet, dass wir zu Ihm rufen. Diese Aufforderung in Seinem Schweigen muss Er an uns richten, weil der Vater es so will, denn nur in der Not dieser Bedrängnis trinken wir letztendlich auch von dem Kelch der Gemeinschaft mit Seinen Leiden. Er wartet darauf, dass wir unsere Stimmen aus dem Schmerz des Kämpfens heraus erheben und sagen: «Ich liebe Ihn! Ich lege meinen Geist in Seine Hände! Ich bin Sein! Ich glaube an Seine Liebe. Er wird mich niemals verlassen. Schon bald wird Seine Stimme durch die finstere Nacht brechen, und Er wird mir Recht verschaffen durch Seine Gegenwart.»

Er läutert unsere Liebe durch das Feuer Seiner Abwesenheit. Es gibt zwei Seiten der Liebe: den Freudentanz und das Klagelied.

Jesus als das Lamm wartet auf dieses Bekenntnis aus Glauben und Liebe. Er hält den Donner des Himmels und die Legionen der Engel zurück und sie warten voller Spannung darauf, wie sich ein schwaches Herz auf Erden aus freien Stücken auf dem Weg der Liebe entscheiden wird. Er spricht zu den Mächten, die auf Sein Zeichen warten: «Antwortet ihr noch nicht. Wir müssen warten. Ihr Engel, seid still. Ihr Verheißungen, bleibt noch zurück im Haus der «ausstehenden Antwort». Hoffnung, verbleibe noch im Unsichtbaren; denn Hoffnung, die sichtbar ist, ist keine Hoffnung. Morgendämmerung, halte deine hellen Strahlen noch für einige Augenblicke zurück. Meine Geliebte ist kurz davor, ihre Stimme zu erheben. Sie ist kurz davor, sich inmitten der dunkelsten Nacht für Mich zu entscheiden. Die Worte, die sie sagen wird, werden eine kostbare Erinnerung sein und in den Räumen der Ewigkeit widerhallen. Tausende und Abertausende von Malen werde Ich sie im zukünftigen Zeitalter an diese Entscheidungen erinnern. Wir müssen warten.

Wir müssen ihrem Herzen Raum geben, dass die Freiwilligkeit emporsteigen kann. Es ist Mein Weg. Sie *wird* Mir ihre Liebe freiwillig schenken» (vgl. Ps. 110,3).

An diesem Ort der Finsternis und des Schweigens erheben wir unsere Stimme. Auch wenn wir Ihn weder sehen noch spüren, auch wenn alle äußeren Umstände jegliche Hoffnung aus unseren Herzen rauben wollen, so richten wir unseren Blick doch unbeirrt in Richtung Himmel. Glaube und Hoffnung sind die Anker unserer Seele, und gestärkt durch Gottes Kraft ergreifen wir im Glauben das Unsichtbare. Unsere Stimmen steigen durch diese dunkle Wolke des Ungewissen auf zum Thron Gottes wie der Schall einer Trompete, wenn wir mitten in Schmerz und Leid Ihm unsere Liebe erklären. Dort am Kreuz, vor der Rechtfertigung durch die Auferstehung, vereinen wir uns mit Jesus und sagen mit einem Herzen voll unbeugsamer Liebe: «In Deine Hände befehle ich meinen Geist.»

Wir haben nur diesen kurzen Moment auf Erden, um diese wunderbare Stelle im Herzen des Lammes zu berühren. Die ganze kommende Ewigkeit hindurch werden wir Ihn in Seiner Herrlichkeit und Seiner Schönheit erleben. Wir werden vom Strom der Wonne trinken und die Fülle der Freude erleben. Es wird keine Tränen mehr geben. Wenn der Bräutigam bei uns ist, werden wir nicht mehr trauern (Matth. 9,15). Die Zeiten der Hoffnung ohne sichtbare Zeichen werden Perlen der Erinnerung sein (Röm. 8,24). Der Schmerz des Nicht-Sehens und doch Glaubens wird vorbei sein. Glaube und Hoffnung werden hinter uns bleiben, während die *Liebe, die nicht vergeht,* uns in das kommende Zeitalter geleitet (1.Kor. 13,13). Die Gemeinschaft der Leiden bleibt im Bereich von Raum und Zeit zurück, aber ihre Frucht wird mit in die Ewigkeit genommen. Diese Früchte werden strahlende Juwelen sein, die unsere Kronen schmücken. «… Und wenn Kinder, dann auch Erben, nämlich Gottes Erben und Miterben Christi, wenn wir denn mit ihm leiden, damit wir auch mit zur Herrlichkeit erhoben werden» (Röm. 8,17).

Diese Nähe kann niemals ohne geteiltes Leid in ihrer Fülle erlebt werden.

Wenn wir *Ja* zu dieser Gemeinschaft Seiner Leiden sagen, dann werden wir eines Tages die Narben an den Händen, Füßen und der Seite des Lammes mit ganz anderen Augen sehen. In unserem Blick wird dann Vertrautheit, Nähe und ein echtes, tiefes gegenseitiges Kennen zu finden sein. Diese Nähe kann niemals ohne geteiltes Leid in ihrer Fülle erlebt werden. Selbst im Natürlichen ist das Merkmal einer starken Liebe das gemeinsame Durchhalten in Stürmen von Not und Leid. Und so ist es auch mit unserem Geliebten Jesus. Diese Dynamik der Nähe hat ihren Ursprung in Seinem Herzen. Er hat jedem einzelnen Menschen entlang seines Weges viele Einladungen zu dieser erwählten Gemeinschaft geschenkt. Er strebt nach der Fülle der Liebe. Er wartet auf unsere freiwillige Entscheidung, Ihm an diesem Ort zu begegnen. Mit vollkommener Einsicht und unübertroffen weiser Führung richtet Er unser irdisches Leben so ein, dass wir immer wieder auf unserem Weg diese offenen Türen vorfinden. Wenn wir lernen, solche Gelegenheiten als Einladungen zu einer tieferen Liebe zu erkennen, dann werden wir sie mit ganzem Herzen ergreifen. So wie Paulus werden wir dann bekennen: «Denn ich bin überzeugt, dass die Leiden dieser Zeit nicht ins Gewicht fallen gegenüber der Herrlichkeit, die an uns offenbar werden soll» (Röm. 8,18).

Ich glaube an das, was ich nicht sehe

«Wie leichtsinnig», sagt mein Herz, «habe ich meine Kraft für nichts und wieder nichts verschwendet.» Aber doch glaube ich an das, was ich nicht sehe. Mein Schmerz Tag und Nacht ist, dass ich an das glaube, was ich nicht sehe. Ich glaube an ein Feuer, das in mir brennt – das mich von Herrlichkeit zu Herrlichkeit verändert. Ich glaube an eine Kraft, die nicht von dieser Welt ist und die wie eine Quelle in meinem Inneren aufsteigt. Alles unsichtbare Realitäten.

Ich warte auf Dich. Ich warte immer noch auf Dich. Wie sehr prüfst Du meine Seele mit Deinem Ausbleiben. Aber was für eine Entscheidung habe ich?

Ohne Dich gibt es kein Vorwärtskommen. Und so warte ich nun hier. Wie sehr bringst Du das Leben derer durcheinander, die Du liebst, mit einer Liebe, die nicht wegargumentiert werden kann, und mit einem Glauben, der unerschütterlich ist wie ein Fels auf unserem ganzen Weg. Nicht weil mein Herz so edel wäre, bleibe ich an diesem Ort des Ausharrens und Wartens. Ich warte, weil meine Liebe und mein Glaube stärker geworden sind als ich selbst, und weil ich sie nicht davon überzeugen kann, von mir zu weichen. Sie sind wie Türme, die in mir aufgestiegen sind. Und sie sind tatsächlich meine Festung. Ich kann sie nicht niederreißen, denn sie sind der Kern meines Wesens. Sie sind nicht nur ein Teil von mir. Sie sind Gott selbst in mir.

Ich kann nur warten. Meine Seele wartet auf Dich. Mehr als Wächter warten auf den Morgen. Ich warte auf Dich. Meine Augen suchen den Horizont nach einem Zeichen erster Lichtstrahlen ab. Ich weiß es, Du wirst kommen. Ich glaube an das, was ich nicht sehe. Ich weiß, Du wirst zu mir kommen.

«Ich aber bete zu dir, HERR,
zur Zeit der Gnade;
Gott, nach deiner großen Güte
erhöre mich mit deiner treuen Hilfe.
Errette mich aus dem Schlamm,
dass ich nicht versinke …
Dass mich die Flut nicht ertränke
und die Tiefe mich nicht verschlinge;
dass der Brunnenschacht über mir nicht den Rachen schließe.
Erhöre mich, HERR,
denn Deine Güte ist tröstlich;
wende dich zu mir
nach deiner großen Barmherzigkeit.
Und verbirg dein Angesicht nicht vor deinem Knechte,
denn mir ist angst;
erhöre mich eilends …
Schaut her, ihr Gebeugten, und freut euch;
ihr, die ihr Gott sucht, euer Herz lebe auf.
Denn der Herr hört die Armen,
und er verachtet seine Gefangenen nicht.»

Psalm 69,14-18; 33-34

Kapitel **10**

Gefangene der Hoffnung

«... Ich werde deine Gefangenen freilassen aus ihrem Kerker, aus der wasserlosen Zisterne. Kehrt zurück zur Festung, ihr Gefangenen der Hoffnung! Ja, heute verkünde ich, dass ich dir zweifach erstatten will.»

Sacharja 9,11-12

Zeiten göttlichen Schweigens sind wie ein Gefängnisurteil, das Er über uns in unserer Begrenzung von Raum und Zeit verhängt. Es sind lautlose Zeiten der Stille, die Gott über uns bringt. Sie sind jedoch keine Strafe, sondern sie läutern unseren Glauben, unsere Hoffnung und Liebe. Er hält uns in diesen «wasserlosen Zisternen» gefangen. Das sind die Tiefen, die den Gefangenen in einem tiefen Schlund festhalten, ihm aber nicht die Hoffnung auf Befreiung nehmen. Sie sind zu trocken, um uns zu ertränken, aber gleichzeitig sind sie auch zu tief, um aus ihnen einfach entrinnen zu können. Auch wenn Gott ihnen erlaubt, uns für eine gewisse Zeit in ihrem Rachen zu halten, so ist es ihnen doch verwehrt, uns zu zerstören, denn die Hoffnung auf Befreiung hält uns während dieser Zeit am Leben. Wir sind bewahrt und nehmen in der Tiefe dieser angeordneten Gefangenschaft keinen Schaden. Die Botschaft des Herrn an uns in dieser Zeit ist, dass Er uns selbst zu Seiner Zeit aus dieser wasserlosen Zisterne befreien wird. Er nennt uns «Gefangene der Hoffnung», während wir auf Ihn warten, denn unsere Hoffnung in dieser Zelle hat ihren Anker in Ihm – dass Er kommen und sich als unser Befreier erweisen wird.

Das Furchterregende an diesen Gefängnissen ist, dass nur eine einzige Person weiß, wo wir sind. Unsere Hände und Füße sind gebunden und wir sind völlig hilflos in der Tiefe dieser Zisterne – und nur ein Mann weiß, wo dieser Kerker sich genau befindet. Auch wenn wir es unzählige Male versuchen, wir können anderen diese Finsternis, in der wir uns befinden, nicht erklären.

Auch wenn wir uns noch so sehr danach sehnen, unsere Einsamkeit hinter uns zu lassen, so ist es doch keinem Menschen gestattet, uns zu finden und zu befreien. Es gibt keine Besuchszeiten. In diesem Gefängnis wird uns der Trost des Miteinanders verwehrt, denn dieser Ort bleibt ganz allein Gott und unserer Seele vorbehalten. Auch wenn wir versuchen, andere mit einzubeziehen, so hindern uns unsere Gefängnismauern doch meistens – wenn nicht immer – daran, uns mit Worten oder Beschreibungen verständlich zu machen. Auch wenn wir laut rufen, so geht unsere Stimme doch bald in dem Rachen schweigender Schatten unter. Nur ein Mann weiß, wo wir sind. Eine Person hat uns hierher gebracht, und nur Er kann uns wieder befreien. Nur Er kennt den Kerker, in dem wir gefangen sind, und nur Seine Stimme wird die Tür zur Freiheit aufbrechen können. Bei dem Herrn ist die Rettung (Ps. 3,9), und Er eifert danach, derjenige zu sein, der uns Befreiung und Hilfe bringt.

Alle Seine Wege sind Liebe, und deshalb vertrauen wir darauf, dass dieser Ort weder Strafe noch Missachtung bedeutet, sondern Sein Weg zur größeren Liebe ist.

Unser Trost in diesen Zeiten gründet sich allein auf unsere Kenntnis des Herzen Gottes. Ja, Er ist der Einzige, der weiß, wo wir sind, aber Er ist auch der größte Retter aller Zeiten, und wir können gewiss sein, dass Er uns zu Hilfe eilen und Seine Auserwählten befreien wird. Er wird uns nicht hier lassen. Er wird kommen und uns holen. Alle Seine Wege sind Liebe, und deshalb vertrauen wir darauf, dass dieser Ort weder Strafe noch Missachtung bedeutet, sondern Sein Weg zur größeren Liebe ist. Wenn uns der Herr zu Leid und Ausharren einlädt, dann tut Er dies, damit wir am Ende in die Tiefen Seiner Barmherzigkeit und Gnade eintreten können (Jakobus 5,10-11). Wir haben Ihn darum gebeten, unsere Liebe zu vertiefen und uns in die Fülle all dessen zu bringen, was Er dem menschlichen Herzen geben will, und diese Gefängniszeiten sind Teil Seiner Antwort. Sie sind Gottes Werkzeug, um Liebe und Übereinstimmung mit Ihm in uns zum Leben zu erwecken – das, wonach wir uns immer gesehnt haben. Er wird uns ganz gewiss in dem Augenblick befreien, in dem die Langmut der Liebe das Werk in uns vollbracht hat. Der Einzige, der unseren Aufenthaltsort kennt, wird uns nicht verlassen, noch von uns weichen. Er wird zu uns kommen, so wie Er es verheißen hat. Er wird auf unsere Hoffnung mit Befreiung reagieren.

Gefangene der Hoffnung

In dieser Zeit der Gefangenschaft, souverän vom Herrn auferlegt, ist meine Hoffnung darin verankert, dass Gott meinen Weg kennt. Er selbst hat mich hierher gebracht. Diese Mauern hätten keine Macht über mich, wenn Gott sie ihnen nicht gegeben hätte. Wenn ich glaube, dass diese Zeit im Gefängnis nicht Gottes Willen entspricht, sondern ein Resultat meiner eigenen Schwachheit und Sünde ist, dann bin ich am Ende. Meine Hoffnung ist zuschanden, und ich werde vergehen. Nur der Glaube, dass Er mir diese Zeit auferlegt hat, erhält mein Herz aufrecht. Ich bin Gottes Gefangene. Sein souveränes Handeln ist meine Hoffnung.

Mit den Augen der Liebe betrachtet, kann ich meine Gefangenschaft ertragen. Mein Herz ist nicht zerstört, weil ich glaube, dass Sein Schweigen Seine Antwort ist, die mein Herz zu größerer Liebe erweckt. Meine Hoffnung ist mein Glaube, dass hinter diesen Mauern die Nähe und Einheit liegt, nach der ich mich gesehnt habe, und mein einziger Weg dahin ist diese finstere und totenstille Passage. Diese Hoffnung hält mein Herz aufrecht. Dieses Gefängnis ist in Wahrheit mein Weg in mein Erbe – die Gemeinschaft mit der Liebe.

O, welch eine Haß-Liebe mich mit diesen Mauern verbindet. Ich verachte die stille Anklage dieser Mauern, die über mir schwebt und sagt: «Du wirst niemals frei werden. Du wirst diesem Ort niemals entrinnen. Stille und Schweigen sind das Los deines Lebens. Das ist nicht nur eine Übergangsphase. Diese Wände sind das Ende deiner Reise.» Diese stillen Anklagen dieser Mauern – sie bringen mich um den Verstand. Aber was mich am meisten verrückt macht, ist die lebensbedrohliche Stimme, die mir einflößt: «Du bist gar nicht gefangen. Du bist so frei, wie du nur frei sein kannst. Mehr an Freiheit als dies gibt es nicht. Du bist nicht gefangen – du bist jemand, der frei ist, aber die Freiheit nicht schmecken kann.» O wie sehr diese Lüge ihr Spiel mit mir spielt und mich fast in den Wahnsinn treibt.

Aber gleichzeitig liebe ich diese Mauern. Sie sind vielleicht dämonisch, aber sie sind Gottes «Dämon». Das geheimnisvolle Herz Gottes hat es so eingerichtet, dass Leid oft unser Begleiter ist und Schmerz unser Vertrauter. Auf dem Weg eines jeden Gläubigen befinden sich finstere Nächte und tiefe, wasserlose Zisternen. Sie sind grausam und treiben ihr Spiel mit uns, aber man kann nur durch ihre engen, finsteren Türen in die herrliche, unbeschreibliche Nähe eintreten, für die wir geschaffen wurden. Und darum liebe ich diese Mauern auf eine sonderbare Art.

Ich liebe sie nicht in dem Sinne, dass ich in ihnen eingeschlossen bleiben möchte. Jeden Tag rufe ich aus der Tiefe, um von ihrer Gefangenschaft befreit zu werden. Ich habe die vollste Absicht, sie siegreich zu verlassen und niemals in ihren finsteren Schlund zurückzukehren. Aber am Ende des Tages als Gefangene, nachdem ich viele Stunden um Befreiung gerufen habe, ruhe ich in dem Vertrauen, dass Gott sich dieser Mauern bedient. Denn ich weiß, dass sie souverän um mich herum errichtet wurden mit dem Ziel der Freiheit, nicht der Gefangenschaft. Sie rühmen sich, ein eisernes Grab der Gefangenschaft zu sein, aber in Wirklichkeit sind sie Türen. Sie glauben von sich selbst, große Eroberer zu sein und mich besiegt zu haben, aber Seine Wege sind so viel höher. Er verwandelt eine Gefängnismauer in ein Einzugstor für einen König. Der Feind beabsichtigt meine Gefangenschaft, aber Gott beabsichtigt meine Freiheit.

Vor allem aber glauben diese Mauern von sich selbst, Schalldämpfer zu sein, die jeden Laut verschlingen. Schließ den Gefangenen in sie ein und seine

Stimme verstummt. Aber in Deiner unbeschreiblichen Weisheit, o Gott, steigt von dem Kerker des Gefängnisses das Lied der Befreiung auf. Das Vorhaben des Feindes mit diesen Mauern ist es, mich zum Schweigen zu bringen, aber Gott will in mir ein Lied entstehen lassen: «Führe mich heraus aus dem Kerker, damit ich deinen Namen preise» (Ps. 142,8). Aus der tiefen, schrecklichen Grube entsteht ein neues Lied, das viele dazu bewegen wird, den Herrn zu fürchten und ihr Vertrauen auf Ihn zu setzen (Ps. 40). Du hast mich aus der Tiefe des Totenreiches gezogen, damit ich Dich preisen kann und nicht verstumme (Ps. 30). Ja, diese Gefängnismauern bringen mich vielleicht für eine Nacht zum Schweigen, aber die Freude kommt am Morgen, und was der Feind zum Schweigen bringen wollte, macht Gott zu einem Lied.

Hoffnung, die durchträgt

«… Hoffnung aber, die man schon erfüllt sieht, ist keine Hoffnung. Wie kann man auf etwas hoffen, das man sieht? Hoffen wir aber auf das, was wir nicht sehen, dann harren wir aus in Geduld.»

Römerbrief 8,24-25

Wir hoffen auf etwas, was wir nicht sehen können, und unser Glaube ist der Beweis für die Realität dessen, was wir nicht sehen. Unsere Hoffnung ist Christus in uns. Er ist unsere Hoffnung auf die Herrlichkeit (Kol. 1,27). Das ist eine Realität, die in uns lebt und in der unsere Seele mit der Ewigkeit verankert ist. Wir würden einer Meereswoge gleichen, die vom Wind hin und her getrieben wird, wenn wir unseren Blick nicht auf den unsichtbaren Gott richten würden. Während wir uns in dieser Gefangenschaft des Herrn befinden, ist diese Hoffnung uns schon vorausgegangen, um in die Gegenwart hinter dem Schleier einzutreten. Dort lebt sie als wahre Realität mit unseren Seelen im Schlepptau.

Jesus hat sich selbst auf die Erde erniedrigt, indem Er die Ewigkeit in die Herzen der Menschen gepflanzt hat, und Er hat schwache menschliche Wesen, wie wir es sind, *erhöht*, indem Er uns einen Weg bereitet hat, um mit Ihm *im Himmel* zu sitzen. Der Eine, der unser Mittler ist, der vor uns aufgefahren ist, durchlief den Himmel und nahm Seinen Platz zur Rechten des Vaters ein. Ganz Gott und ganz Mensch. Der Gott-Mensch. Er ist das Lamm inmitten des Thrones (Offb. 5,6). Wer kann ergründen, dass der Eine, der auf dem Thron sitzt, einer von uns ist – ein Mensch? Und gleichzeitig ist Er doch der Gott der ganzen Erde. Er ist der Gott-Mensch Jesus Christus. Er ist der, der Fürbitte für uns tut und uns auf der Reise zur Liebe vorantreibt. Nach Seiner Himmelfahrt, als Er sich zur Rechten des Vaters setzte, sandte Er den Heiligen Geist, um in uns zu wohnen.

Hoffnung ist die Gefährtin unseres Herzens, die uns in finsteren Zeiten durchträgt.

Christus in uns ist der Anker der Hoffnung unserer Seelen (Hebr. 6,19). In der Tiefe unserer dunkelsten Nacht haben wir eine brennende Flamme in uns, die uns in dem feurigen Mann Jesus Christus selbst verankert. Deshalb wissen wir, dass Er zu uns kommen und uns mit sich vereinen wird: «Die Hoffnung aber lässt nicht zuschanden werden; denn die Liebe Gottes ist ausgegossen in unsere Herzen durch den Heiligen Geist, der uns gegeben ist» (Röm. 5,5). Er bringt uns zu sich selbst, damit wir dort sein können, wo Er in Ewigkeit ist (Joh. 17,24). Wir sind schon in diesem Zeitalter mit Ihm vereint, auch wenn wir Ihn nicht sehen, denn als Unterpfand hat Er uns diese lebendige Hoffnung Seines Geistes gegeben, der in uns wohnt (2. Kor. 1,22).

Hoffnung ist die Gefährtin unseres Herzens, die uns in finsteren Zeiten durchträgt. Wenn alles um uns herum in Nebel und Dunkelheit verschwindet und wir allein in dem Kerker bangen, in den Er uns geführt hat, dann ist uns diese Hoffnung ein flammendes Licht. Ihre Augen sehen durch die Umstände und die Mauern von Raum und Zeit hindurch und richten ihren Blick auf den Einen, der auf dem Thron sitzt. Dort ist sie verankert bis an den Tag, an dem unsere Seele diesen Anker nicht mehr braucht – wenn unsere eigenen Augen endlich den Einen sehen, den wir lieben. Dann wird die Hoffnung durch das Sichtbare ersetzt.

Verzögerte Hoffnung

«Hoffnung, die sich verzögert, macht das Herz krank, erfülltes Verlangen ist ein Lebensbaum.» *Sprüche 13,12*

Hoffnung ist das, was uns erhält. Aber sie ist auch das, was unser Herz krank macht, wenn sie sich hinzieht und auf sich warten lässt. Wenn sie sich verzögert, dann verursacht sie mehr Schmerz als Freude. Aber genau dieser Schmerz bewahrt die Seele vor der Sackgasse des Unglaubens. Es ist eine akzeptable Krankheit für den Patienten, der sich im Wartezimmer Gottes, des Ewigen Arztes unserer Seelen, befindet. Unser ganzes Wesen wird gesund, wenn Er uns das Heilmittel der Hoffnung verabreicht.

Auch wenn diese Hoffnung schwer auf uns lastet, so erhält sie uns doch am Leben. Das «Leben», das sie uns bringt, unterscheidet sich sehr stark von dem, was wir bisher als Leben gekannt haben. Die Hoffnung bringt uns eine Art von Leben, bei der wir es vorziehen würden, lieber tot zu sein. Derjenige, der an dieser Hoffnung festhält, ist ein Gläubiger, der die Einladung dazu angenommen hat, lieber jeden Tag voller Schmerz zu weinen, als seine Seele im Unglauben sterben zu lassen. Diese Hoffnung belästigt uns und verweigert uns den Trost des Aufgebens. Durch den von ihr provozierten Kampf mit der Wahrheit hält sie uns am Leben. Hoffnung in Gott ist, solange sie unbeantwortet bleibt, wie eine Krankheit, die an uns nagt. Aber wenn unsere Sehnsucht gestillt wird und wir das Verlangen unseres Herzens empfangen, dann finden wir anstelle der Krankheit dort einen gesunden Lebensbaum.

Es ist das, was Jesus über Lazarus sagte: Diese Krankheit ist nicht zum Tode, sondern zur Verherrlichung Gottes (Joh. 11,4). Die Hoffnung, die unser tägliches Leben schwer macht, ist nicht das Ende. Sie ist eine Krankheit, die zu etwas Größerem führt – zu dem siegreichen Lebensbaum.

Hoffnung. Sie ist eine schmerzliche Realität für mich. Vielleicht mein bester Freund in dieser Zeit, denn ich bin wahrhaftig eine Gefangene der Hoffnung. Aber Hoffnung kleidet sich nicht immer mit festlichen Kleidern oder fröhlichem Schmuck. Genau dann, wenn ich mich an einem düsteren, aber bequemen Ort des Unglaubens niederlassen will, kehrt die Hoffnung zurück, nimmt mir auch noch den Rest meiner eingebildeten Ruhe und treibt mich wieder an den Ort, wo ich verzweifelt nach der Erfüllung von Gottes Verheißungen ausrufe. Ohne Hoffnung könnte ich mich von jeder Verheißung abwenden und sie völlig vergessen. Aber Hoffnung verankert mich in der unsichtbaren Welt. Hoffnung zieht mich immer wieder nach oben, während mich jede Anklage nach unten in die Finsternis meines Gefängnisses zieht. Wenn es keine lebendige Hoffnung wäre, könnte ich Bilder in meinem Kerker aufhängen und ihn zu meinem Zuhause machen. Aber Hoffnung treibt mich immer wieder dazu, an die Türe zu schlagen. Hoffnung treibt mich dazu, immer wieder danach auszurufen, was ich nicht sehen kann und was ich mir selbst kaum vorstellen kann. Ich hoffe auf meine Befreiung. Ich hoffe, dass die Verheißungen wahr sind. Ich hoffe auf das, was sich hinter diesen Mauern befindet. Ich hoffe auf einen Gott, der rettet und Gefangene befreit. Ich hoffe auf einen Gott, der die Jahreszeiten geschaffen hat – Zeiten, die sich immer verändern. Wird Er nicht auch meine Jahreszeit verändern?

Manche denken vielleicht, dass ich meine Hoffnung in meinem Schmerz verloren habe. Aber in Wirklichkeit ist es Hoffnung, die mein Herz am Leben erhält. Mein Schmerz ist der Beweis dafür, dass mein Herz noch nicht tot ist. In diesen Gefängnismauern weint man noch, schreit man noch, ruft man noch nach Befreiung aus. Man lebt immer noch. Das ist meine einzige Wahl. Wenn ich in diesem Gefängnis zufrieden wäre, dann würde ich wie einer leben, der tot ist. Wenn ich mich an dieses Schweigen gewöhnen würde, dann wäre mein Leben hoffnungslos. Hoffnung schenkt mir Augen, mit denen ich in die Welt schauen kann, die sich hinter diesen Mauern befindet. Hoffnung schenkt mir Augen für das Unsichtbare. Hoffnung erhält mich am Leben.

Wenn Hoffnung in dem Herzen einer Liebenden lebt, auch wenn ihr Geliebter weit weg ist und nichts darauf hindeutet, dass er zurückkommen wird, dann ist sie Tag und Nacht voller Qual ... sie ist nicht im Stande, ihn jemals völlig loslassen zu können. Wenn Hoffnung lebt, lebt auch der Schmerz. Denn man kann nicht so weiterleben, wie vorher. Man kann nicht die Möglichkeit vergessen, dass der Geliebte zurückkommen könnte. Hoffnung macht dies unmöglich. Jeden Tag sucht sie den Horizont nach einem Zeichen der Rückkehr ihres Geliebten ab. Diese Hoffnung ist Leben, und diese Hoffnung ist Schmerz. Jeden Tag wartet sie darauf, dass er zurückkommt ... vielleicht nur ganz dumpf in ihrem Herzen ... aber doch immer noch voller Hoffnung. Sie weint am Ende eines weiteren Tages ohne ihn. Sie weint bitterlich, denn tief in ihrem Herzen bleibt die Hoffnung und lässt sie nicht los.

Ich bin eine Gefangene der Hoffnung. Lebendige Hoffnung hält mich in diesem Gefängnis am Leben. Jeden Tag suche ich meinen Horizont nach irgendeinem Zeichen von meinem Geliebten ab. Ja, es gibt Tage, an denen die Hoffnung mit hellen Augen leuchtet. Aber an den meisten Tagen bringt sie einen stechenden Schmerz und unzählige Tränen. Aber sie hält mein Herz am Leben – sie treibt mich dazu, an die Tür zu hämmern und nach Befreiung auszurufen. Hoffnung, meine Gefährtin. Hoffnung, mein Freund, Hoffnung ... die mein Herz am Leben erhält.

«Alles hat seine Stunde.
Für jedes Geschehen unter dem Himmel gibt es eine bestimmte Zeit:
Eine Zeit zum Gebären und eine Zeit zum Sterben,
eine Zeit zum Pflanzen und eine Zeit zum Abernten der Pflanzen,
eine Zeit zum Töten und eine Zeit zum Heilen,
eine Zeit zum Niederreißen und eine Zeit zum Bauen,
eine Zeit zum Weinen und eine Zeit zum Lachen,
eine Zeit zum Klagen und eine Zeit zum Tanzen,
eine Zeit zum Steinewerfen und eine Zeit zum Steinesammeln,
eine Zeit zum Umarmen und eine Zeit, die Umarmung loszulassen,
eine Zeit zum Suchen und eine Zeit zum Verlieren,
eine Zeit zum Behalten und eine Zeit zum Wegwerfen,
eine Zeit zum Zerreißen und eine Zeit zum Zusammennähen,
eine Zeit zum Schweigen und eine Zeit zum Reden,
eine Zeit zum Lieben und eine Zeit zum Hassen,
eine Zeit für den Krieg und eine Zeit für den Frieden.»

Prediger 3,1-8

Kapitel 11

Bedeutungsvolle Zeiten

Eines Tages werden wir auf einem Meer stehen, das wie Kristall glänzt, und mit einer Stimme ausrufen, die wie viele Wasser und Donner erklingt: «Wir wollen uns freuen und jubeln und ihm Ehre erweisen. Denn gekommen ist die Hochzeit des Lammes, und seine Frau hat sich bereit gemacht» (Offb. 19,7). An jenem Tag werden wir viele Geheimnisse sehen, die wir jetzt nur schwerlich erkennen können – und eines davon wird sein, dass wir die Bedeutsamkeit jedes einzelnen Zeitabschnitts erkennen werden, durch die uns der Herr geführt hat. Wir werden erstaunt sein, wenn wir die Zeiten sehen, von denen wir dachten, dass sie bedeutungslos wären. Wir werden die Größe ihrer Wichtigkeit in dem Gesamtbild von Gottes Ruf auf unserem Leben sehen. Wir werden die Zeiten des Leidens und der Schwierigkeiten mit ganz anderen Augen sehen und ihren ewigen Wert erkennen, der viel kostbarer ist als Gold. Uns wird der Atem stocken, wenn wir sehen, was Er gerade an den ödesten Tagen unseres Lebens in uns geformt hat. Auch die Zeiten, die wir wegen unseres eigenen Versagens für vollkommen verloren hielten, werden von Gott wettgemacht, und Er wird uns Schönheit anstelle der Asche geben (Jes. 61,3).

Unsere Verantwortung ist nur, *Ja* zu Ihm zu sagen und der Führung Jesu in unserem Leben zuzustimmen – auch dann, wenn wir Seine Wege nicht verstehen. Dies sind die Tage, Wochen und

Monate, die uns mit all ihren Begebenheiten und Umständen für das Lamm Gottes vorbereiten. Das sind die Werkzeuge Gottes, mit denen Er uns vorbereitet. Und an jenem letzten Tag werden wir die Wunder sehen, die Gott in liebevoller Handarbeit in unserem Leben vollbracht hat, weil wir *Ja* zu Ihm und Seinen Wegen gesagt haben. Er wird eine Braut hervorbringen, die sich bereitet hat.

Aus diesem Grund ist jeder Zeitabschnitt äußerst relevant. Ob es die herrlichsten, die schwierigsten oder die unfruchtbarsten Zeiten sind, jede hat einen edlen Auftrag vom Thron Gottes her. Kein Zeitabschnitt ist wertvoller als ein anderer, und kein Abschnitt ist unnütz oder sinnlos. Jeder Zeitabschnitt ist sorgfältig ausgewählt und so angelegt, dass er uns in die Fülle bringt, die Gott für uns vorgesehen hat.

Was der Herr von uns will, ist ein *Ja* zu Seiner Führung in unserem Leben, auch wenn wir keine Ahnung haben, welchen Dingen Er sich in diesen verschiedenen Zeiten gerade widmet. Er lädt uns ein, in Übereinstimmung mit Ihm zu treten, und zwar allein aufgrund unseres Wissens, dass alle Seine Wege Liebe sind. Wir wissen, dass Er, egal, in was für einer Zeit wir uns befinden, mehr von Seiner Liebe für uns offenbaren will und eine tiefere Liebe in unseren Herzen hervorbringen will. Wenn wir wissen, dass hinter allen Seinen Wegen die Liebe steht, können wir *Ja* zu jeder Lebensphase und jedem Prozess in unserem Leben sagen.

Die Zeiten des Winters und Frühlings

Im Laufe unseres geistlichen Lebens erleben wir sowohl den Winter als auch den Frühling. Und beide Extreme sind notwendig. Der Frühling ist dazu da, um Dinge zu *entdecken,* der Winter, um sich an Dinge zu *erinnern.* Im Frühling lässt Gott die Südwinde wehen, und wir laufen über die Hügel, um blühende Blumen zu finden und ihren wunderbaren Duft zu genießen. Wir entdecken neue Facetten Seines Herzens, und Er enthüllt uns neue Offenbarungen über Sein Wesen.

Wir sättigen uns an Offenbarungen, die Er schenkt, und wir trinken von dem Brunnen Seiner Befähigung für uns. Wir erkennen tiefer, wer Er ist und wie Er ist. Unsere Liebe für Ihn blüht auf. Unsere Seelen laben sich an Seiner Fülle und sättigen sich an allem Guten, das aus Seinem Herzen kommt. *Im Frühling kommt vieles in Bewegung.* Gefrorene Wasser tauen auf und gehen in einen fließenden Strom über. Aus der harten Erde sprießen neue Keime hervor. *Was verborgen war, wird nun sichtbar, und was ruhte, rührt sich nun* (Hohelied 2,11-13).

Im Winter erinnern wir uns. Wir sinnen über alle Entdeckungen und Erkenntnisse nach. Sie werden unsere teuren Freunde auf unserer Reise. Sie sind unsere Speise und unsere Vision. Sie sind wie ein Bild der Geliebten in der Hand eines Gefangenen. Es wurde so oft angeschaut und so oft beweint, dass die Ecken zerfetzt und das Gesicht verschmiert ist. Wir erinnern uns an Seine Liebe (Hohelied 1,4) und an die Offenbarungen, die Er uns über sich selbst in den fruchtbaren Zeiten gegeben hat und die sich tief in unser Herz eingegraben haben. Wir vertrauen im Glauben auf das, was wir jetzt nicht mit unseren Augen sehen können. Wir rufen uns in Erinnerung zurück, was wir nicht mehr spüren können. Wir sinnen über das Gestern nach und füllen unsere Gedanken mit der Güte, die Er uns in vergangenen Zeiten erwiesen hat. Im Winter, wo alles an der Oberfläche schläft, fangen die keimenden Pflanzen an, tiefe Wurzeln unter der Erde zu schlagen. «Ich schlafe, aber mein Herz ist wach …» (Hohelied 5,2). In den kalten Stürmen wärmen wir unser Herz mit der lebendigen Erinnerung an das, was wir von dem Geliebten in vergangenen Zeiten gesehen und mit Ihm erlebt haben. In der Winterzeit haben wir nur wenige Möglichkeiten. Wir klammern uns an die Wahrheit, um zu überleben. Wir glauben. Wir glauben. Wir glauben. Wir richten unseren Blick

Im Frühling kommt vieles in Bewegung. Gefrorene Wasser tauen auf und gehen in einen fließenden Strom über. Aus der harten Erde sprießen neue Keime hervor. Was verborgen war, wird nun sichtbar, und was ruhte, rührt sich nun.

auf das Unsichtbare und vertrauen auf den Gott der Zeiten, dass Er eines Tages einen neuen Tag heranbrechen lässt. Wir lehnen uns zurück an den unsichtbaren linken Arm Gottes (Hohelied 2,6) und vertrauen Seiner Souveränität, die unser Leben lenkt. Wir setzen unsere Hoffnung auf den Einen, der im Geist immer wieder Bewegungen initiiert, auch wenn im Natürlichen nichts weiter als Stille zu vernehmen ist. Wir erinnern uns daran, dass für die Glut Gottes die Zeiten des Frostes in unserem Leben nie zu heftig sein können. Er wird kommen. Genauso sicher, wie Er mit Seiner Wärme jeden natürlichen Winter bricht, so sicher wird Er es auch mit unserem Winter machen.

Wenn der Herr uns schließlich aus der Kälte des Winters in eine Zeit Seiner Wärme und Seines Segens führt, dann steht uns vielleicht eine noch größere Prüfung bevor: Der Prüfstein ist dann nicht unsere Schwachheit, sondern unsere Stärke. Wenn Schwachheit und Schmerz ständig gegen uns toben, dann klammert sich unsere Seele ständig an Gott, unseren Befreier. Wir brauchen uns nicht selbst gut zuzureden, Gott anzurufen, denn der Schrei nach Gott steigt schon mit der Morgenröte in uns auf und versiegt erst am Ende des Tages. Aber wenn die Fesseln unserer völligen Hilflosigkeit gelockert sind und die Finsternis der Nacht schwindet, erhebt sich eine ganz andere Armee von Feinden. Weil wir nun nicht mehr innerhalb der sicheren Begrenzung unserer Gefängnismauern leben, tun sich wieder alle Möglichkeiten vor uns auf, die ein freier Mann hat. Da die Armut, die wir in unserem Herzen in der Zeit der Gefangenschaft kannten, nur noch eine blasse Erinnerung ist, stehen wir jetzt der Versuchung der *Freiheit* und des *Überflusses* gegenüber.

In der Winterzeit haben wir nur wenige Möglichkeiten. Wir klammern uns an die Wahrheit, um zu überleben. Wir richten unseren Blick auf das Unsichtbare.

David hat der Spannung solcher Übergangszeiten auf treffende Weise Ausdruck verliehen:

«Ich will dich rühmen, Herr, denn du hast mich aus der Tiefe gezogen und lässt meine Feinde nicht über mich triumphieren. Herr, mein Gott, ich habe zu dir geschrien, und du hast mich geheilt. Herr, du hast mich herausgeholt aus dem Reich des Todes, aus der Schar der Todgeweihten mich zum Leben gerufen. Singt und spielt dem Herrn, ihr, seine Heiligen, preist seinen heiligen Namen! Denn sein Zorn dauert nur einen Augenblick, doch seine Güte ein Leben lang. Wenn man am Abend auch weint, am Morgen herrscht wieder Jubel. *Im sicheren Glück dachte ich einst: Ich werde niemals wanken. Herr, in deiner Güte stelltest du mich auf den schützenden Berg.»* Psalm 30,2-8

Sein Schrei zu Gott stieg in einem Moment auf, in dem Gottes Zorn auf ihm lag. Der Herr antwortete ihm und befreite ihn aus seiner Not. Jetzt, in Wohlstand und Glück, ruft er aus, dass er niemals wanken wird. Jetzt, da das Leben wieder blüht, sagt er: «Ich werde felsenfest bleiben, auch in meinem Überfluss unter dem Prüfstein des Glücks.»

Diese Südwinde des Segens sind genauso wichtig wie die Nordwinde der Not. Wenn unsere Gefängniszeiten so bedeutend sind, dann sind es auch unsere Tage der Freiheit und des Überflusses.

Die Zeiten, in denen wir die Güte des Herrn schmecken, sind genauso wichtig für den Reifeprozess der Seele wie die Zeiten voll bitterer Anfechtung. Die kalten Winde entblößen uns, die warmen Winde kleiden und erfrischen uns. In beiden Zeiten trinken wir tief von dem, was Gott uns gibt. In Zeiten der Schwachheit ist es die Erinnerung an Gottes befähigende Kraft, die unsere Herzen bewahrt. In Zeiten der Stärke schützt uns die Erinnerung an unsere völlige Schwachheit. Wenn wir im Gefängnis sind, rufen wir aus: «Befreie mich, denn Du allein bist meine Stärke!» Und in Zeiten der Freiheit beten wir: «Schütze mich, denn wenn ich meine Schwachheit nicht spüre, vergesse ich schnell, wie sehr ich Dich brauche!»

Diese Südwinde des Segens sind genauso wichtig wie die Nordwinde der Not.

Wenn uns der Herr vom Winter in den Frühling führt, dann labt Er unsere Seelen mit Festzeiten des Segens. So wie Er uns in Zeiten der Not mit jedem einzelnen Tropfen des Lebens aufrechterhalten hat, so werden wir nun wiederhergestellt und erneuert, durch die sprudelnde Wasserquelle, an die Er uns in Zeiten der Fruchtbarkeit führt. Und hier sammeln wir für zukünftige Dürrezeiten. Denn die Winde werden sich mit Sicherheit wieder drehen. Wir werden nach den Zeiten des Segens wieder Zeiten der Armut erleben. Auf diese Weise kann nichts verloren gehen. In Zeiten der Hungersnot zehren wir von dem, was der Herr in Zeiten des Überflusses in uns auf Vorrat angelegt hat. Das Trügerische an diesen angenehmeren Zeiten ist, dass sie *bequem* sind. Wir sinken gemächlich in den Sessel der Erleichterung und meinen, dass wir eine «Pause» verdient hätten, da nun unsere Gefängniszeit vorbei ist. Aber unser geliebter Gott verwaltet unsere Zeit auf Erden nicht nach diesem Prinzip. Jeder einzelne Tag ist wichtig und hat seinen eigenen Wert.

Es gibt keine «freien Tage» im Geist. Es gibt nur unterschiedliche Formen, wie wir das Leben empfangen, das Er uns schenkt. In Zeiten bitterer Not und Prüfung klammern wir uns an Ihn, als einzigen Ort der Sicherheit, inmitten eines tobenden Sturms. In den wunderbaren warmen Zeiten empfangen wir Sein Leben und Seine Liebe in der Stille der «Zeit des Friedens».

Genauso wie der Winterfrost uns dazu einlädt, an das Unsichtbare zu glauben, so bringt auch der Frühlingsregen eine Einladung mit sich. Er fordert uns dazu auf, die Konturen der Identität, die Gott in der Winterzeit tief in uns eingraviert hat, nicht zu vergessen und uns daran zu erinnern, dass Er allein unser Lohn ist. In diesen Zeiten der Freiheit kommt unser Feind in Gestalt der vielen Möglichkeiten. Es ist die Qual der Wahl. Wenn die Südwinde wehen und alles gut geht, müssen wir uns vorsehen, dass wir unsere Seelen nicht mit etwas anderem trösten und sättigen als mit Gott allein. Ein Gefangener hat nur eine Person, mit der er reden kann: Gott. Er kann nur eines mit seiner Zeit anfangen: beten. Aber wenn er einmal frei ist, strömen alle möglichen Stimmen auf ihn ein. Alle möglichen Ablenkungsmanöver versuchen von seiner Zeit und Energie Besitz zu ergreifen. Wir haben jetzt viele Möglichkeiten, zwischen vielen guten Dingen zu wählen, aber «das Gute» ist immer der Feind des «Besten». In solch einer Situation sind wir sehr viel anfälliger dafür, unser Herz in untergeordneten Vergnügungen zu verlieren, als an jenem Tag, als wir in dieser alles beherrschenden Gefangenschaft saßen, wo Gott der einzig mögliche Trost und die einzig mögliche Freude war.

Wenn meine eigene Stärke durch die Hand Gottes von mir genommen wird, dann habe ich keine andere Wahl, als mich ganz allein auf *Seine* Kraft zu stützen. Es gibt keine andere Möglichkeit. Aber wenn meine Kraft wiederhergestellt ist, dann stehe ich der Prüfung gegenüber, mich daran zu erinnern, wie schwach ich ohne Seine Ausrüstung und Kraft war. Auch wenn die Schwachheit jetzt so tief unter der Oberfläche verborgen ist, darf ich mir nicht einreden, dass ich Gott jetzt weniger bräuchte als in Zeiten der Schwachheit. Wenn meine Unfähigkeit mich nicht ständig daran erinnert, wie sehr ich Gott brauche, dann verlasse ich mich schnell auf meinen eigenen Verstand. Egal, ob es sich um Winter- oder um Frühlingszeiten handelt, ich muss in beiden Extremen wissen, dass Er meine einzige Quelle der Kraft ist. In der Zeit des Segens gestehe ich mir ein, dass ich ohne Ihn nichts tun kann (Joh. 15,5), und in meiner Armut erinnere ich mich daran, dass ich alles durch den vermag, der mich stark macht, Christus (Phil. 4,13).

Zwischenzeiten

Aber was ist nun mit den Zeiten, die weder Winter noch Frühling, weder Sommer noch Herbst sind? Was ist mit den Zeiten, die nicht kalt genug sind für den Winter und nicht wohltuend und sprießend genug für den Frühling? Die nicht heiß und stark genug sind für den Sommer und nicht farbenreich und freundlich genug für den Herbst. Solche Zeiten sind verworren und liegen irgendwo zwischen diesen Abschnitten, die wir mit unserem Verstand einordnen können. Weil sie sich in keine Kategorie einteilen lassen, neigen wir dazu, so schnell wie möglich durch sie hindurchrauschen zu wollen, um sie möglichst bald hinter uns zu lassen. Wir befürchten, dass sie niemals beabsichtigt waren und nur ein sinnloser Umweg auf unserer Reise sind. Aber dem ist nicht so. Sie sind weder sinnlos noch eine Umleitung auf unserem Weg. Sie sind äußerst wichtig.

In der Zeit des Segens gestehe ich mir ein, dass ich ohne Ihn nichts tun kann (Joh. 15,5), und in meiner Armut erinnere ich mich daran, dass ich alles durch den vermag, der mich stark macht, Christus (Phil. 4,13).

Diese Zwischenzeiten – egal, ob sie an eine finstere Nacht oder an die luftigen Höhen der innigen Gemeinschaft mit der Liebe anschließen – tragen zu dem Fortschritt auf unserer Reise zur Liebe bei. Das sind die Seiten der Bände unserer Lebensgeschichte, die unsere Reise zwischen den Höhepunkten füllen. Sie sind das Hinaufsteigen vor dem Erreichen der Bergspitze und der Abstieg, bevor wir im Tal ankommen. Sie machen unsere Reise aus. In schwierigen Zeiten können wir unserem Gebetsleben oft große Bedeutung beimessen. Und wir erfassen auch leicht den Stellenwert von Siegeszeiten. Aber in den Monaten und Jahren, die dazwischen liegen, sind unsere Herzen für die größte Entmutigung anfällig. Es sind die «Zwischenzeiten», die in uns am ehesten Ernüchterung und Enttäuschung hinterlassen.

Wir haben keine Garantie dafür, dass sich die Bedeutung dieser Abschnitte schon in diesem Leben offenbaren wird. Vielleicht werden wir den Wert dieser Tage so lange nicht verstehen, bis der Herr im kommenden Zeitalter den Vorhang beiseite zieht und uns Einblick in Seine göttlichen Arbeitsanweisungen gewährt, die diesen Zeiten zugrunde liegen. Jedenfalls können wir in der Wahrheit ruhen, dass Er diese Zeiten unausweichlich auf unseren Weg gestellt hat, und dass ihnen deshalb ein unschätzbarer Wert innewohnt. In unseren Augen sind sie weltlich und gering, und wir wünschen uns nichts anderes, als sie loszuwerden und zu den echten Dramen des Kennens und

Liebens vorzustoßen. Aber etwas in Gott schätzt diese «unsinnigen» Abschnitte und sieht großen Sinn in ihrem Beitrag für unser Leben.

In diesen Zeiten nehmen wir am besten den Ort der Ruhe ein. Unser Herz ruht in der Gewissheit, dass alle Seine Wege Liebe sind, und dass auch diese Pfade zur Reise gehören. Wir tendieren dazu, viele Tage damit zu verschwenden, in unseren kleinen Zellen hin und her zu jagen und mit dem Kopf gegen die Wand zu laufen, in dem Versuch, aus ihren Mauern auszubrechen. Entweder kommen wir zur Ruhe, oder wir ergeben uns der Hoffnungslosigkeit und lassen Zweifel an unserem Glauben aufkommen, ob denn Gottes Liebe wirklich über unserem Leben steht.

Das Wichtigste, woran wir im Glauben festhalten müssen, ist die Gewissheit, dass der Heilige Geist uns auf unserer Reise zur Liebe und Erkenntnis Gottes immer und unentwegt vorwärts bringt. Jede Zeit liefert ihren Beitrag, und jeder Tag bringt eine Einladung mit sich. Wenn wir doch nur unsere Herzen nach Ihm ausrichten und Seinen Vorbereitungen zustimmen würden, die Er als unendlich kostbar für uns erachtet. Wenn wir doch nur alles von Ihm entgegennehmen würden, was Er unseren Herzen schenken will. Würden wir doch die Arme unseres Herzens ausbreiten und rufen: «Tu, was Dir gefällt, o Gott! Was immer Du mir in dieser Zeit geben willst, was immer Du auch für richtig hältst, das sollst Du tun. Tu, was Dir gefällt. Ich vertraue Deiner Wahl für meine Zeiten. Meine Zeit steht in Deinen Händen!»

Wenn wir doch nur alles von Ihm entgegennehmen würden, was Er unseren Herzen schenken will.

Alle Zeiten führen uns zur größeren Liebe. Jede Phase und jeder Abschnitt der Reise dient zur Erkenntnis der Höhe und Breite und Tiefe und Länge der alles übersteigenden Liebe Gottes. Liebe hört niemals auf. Sie ist endlos, wie der unendliche und ewige Gott, der sie umschließt. Und Er führt jeden Einzelnen, der Ihn liebt, in den vollen Genuss der göttlichen Liebe. Das Ende der Liebe können wir nicht finden, aber wir *können unser* Ende in der alles verzehrenden Umarmung der Liebe finden.

In dieser Zeit muss ich aufmerksam sein. Hilf mir, Herr, dass ich genau Acht gebe. Ich möchte mich diesen Winden hingeben, wie ein Student, der Deine Wege erforscht. Hilf mir, Deine Wege mit mir zu erkennen. Hilf mir, richtig auf diese intensiven Zeiten zu reagieren. Denn sie werden mit Sicherheit kommen und gehen. Und wenn ich mich in der Übergangszeit befinde, dann will ich mich von der ganzen Kraft dieser Winde treiben lassen und tief von dem Kelch dieser Zeit trinken. Hilf mir, Gott, besonders aufmerksam zu sein.

Lange habe ich nach dieser Zeit Ausschau gehalten. Ich habe den Horizont nach einem ersten Anzeichen von Licht abgesucht. Ich habe allein in der Stille gesessen und nach dem ersten Klang eines bevorstehenden Regens gelauscht. Und hier bin ich nun. Die Winde haben sich gedreht. Der neue Tag ist herangebrochen. Das Schweigen ist in seinen Unterschlupf für spätere Zeiten verschwunden. Und nun bin ich hier und werde sanft vom Wind der Gnade hin und her gewogen. O Herr, hilf mir, in diesen Zeiten richtig zu reagieren.

Du hast meine Seele geprüft. Du hast mich mit Deiner Abwesenheit geprüft. Du hast mich mit Deinem Schweigen geprüft. Du hast mich mit dem gnadenlosen Schmerz einer Totenstille geprüft. Du hast mich zu einem Studenten der finsteren Nacht gemacht, einem Wächter, der auf den Morgen wartet. Du hast meine Ohren für jedes Flüstern eines anbrechenden Morgens geschärft. O, lass mich keine einzige Schattierung von dem vergessen, was mich die Schatten gelehrt haben. Lass mich nicht voller Regung umhereilen, jetzt, da ich mich wieder regen kann. Ich will mit Dir wandeln und Deinen Regungen folgen. Wenn Du still bist, bin ich auch still. Wenn Du tanzt, tanze ich auch. Wenn Du eilst, eile ich auch. Aber hilf mir, dass ich mich niemals um der Regung willen rege.

Ich bin Dein Garten, an dem Du Dich erfreuen sollst. Ich gehöre nicht mehr mir selbst. Gerne bin ich Dein. Ich verlange danach, dass Du durch meinen Garten wehst, damit die Düfte hervorströmen können. Ich bin Dir vorbehalten, damit Du Deine Freude an mir haben kannst. In den stillen Zeiten der Nordwinde und den sanften Regungen der Südwinde bin ich

Dein. Wenn jetzt die Südwinde meine Seele erfrischen, dann erfreue Dich an mir, genauso wie Du Deine Freude an mir hattest, als ich mich in dem kalten Wind harter Prüfungen befand. Ich klammere mich an Dich. Ich weiß, was es bedeutet, in den Frost des Winters zu sinken. Ich kann es mir nicht leisten, nicht jeden einzelnen Tropfen von dieser Zeit der Fülle und des Reichtums aufzusaugen. Hilf mir, Gott, denn Du kennst meine Schwachheit. Hilf mir, in dieser Zeit besonders aufmerksam zu sein. Hilf mir, dass ich richtig reagiere. O schenk mir die Gnade, dass ich mich richtig verhalte.

Feuer der Liebe

Menschliches Herz, schwach und klein,
öffne es Herr mach mich ganz Dein.
Meine Augen schauen auf die Ewigkeit,
öffne sie, Herr, dass ich Dich sehe in Deiner Herrlichkeit.
Dass Deine Wahrheit aufbricht der Liebe Tür,
und wo mein Herz zu klein ist, verwunde mich mehr.
Weiche nicht zurück, wo meine Liebe versiegt,
lass Deinen Strom fließen, damit Deine Liebe siegt.
Lass mich nicht in meiner Begrenzung stehen,
sondern erweitere mein Herz, um mehr von Dir zu sehen.
Was alles wirst Du einem Menschenherz geben,
wenn Du ihm alles geben wolltest, was Du geplant hast für sein Leben?
Das ist meines Herzens Verlangen,
füll mich mit allem, was ich von Dir kann empfangen.
Höre nicht auf bei einem flackernden Feuer –
Flammen sollen mich ganz verzehren,
mich weiter als nur an den Rand der Liebe führen –
tauche meinen Leib, meine Seele und meinen Geist in alles,
was Dein Herz mir geben will, in alles, was Du mir verheißt.
So viel wie ein menschliches Herz empfangen kann,
umgib, überflute und verzehre es.

Kapitel 12

Das Feuer Seiner Liebe

«Leg mich wie ein Siegel auf dein Herz, wie ein Siegel an deinen Arm!
Stark wie der Tod ist die Liebe,
die Leidenschaft unwiderstehlich wie das Totenreich.
Ihre Gluten sind Feuergluten, gewaltige Flammen.
Auch mächtige Wasser können die Liebe nicht auslöschen,
auch Ströme können sie nicht ertränken.
Böte einer für die Liebe den ganzen Reichtum seines Hauses,
nur verachten würde man ihn.»
Hohelied 8,6-7

Die Reise des Herzens hört niemals auf. Sie wird in alle Ewigkeit fortgesetzt, denn die Liebe ist unerschöpflich, und sie wird sich immer mehr entfalten. Wir durchlaufen unterschiedliche Zeiten, in denen Gott uns mit Seiner Liebe berührt, bis wir Ihn endlich von Angesicht zu Angesicht sehen werden. Und dann wird sich diese Liebe in allen zukünftigen Zeitaltern der Ewigkeit immer und immer mehr in all ihrer Fülle entfalten. Unser Leben auf Erden ist der Mutterleib für das zukünftige Leben, und erst *dann* werden wir unsere echte Bestimmung mit all ihrer Herrlichkeit erleben. Aber bereits in diesem Leben hat Gott dem menschlichen Herzen eine gewisse Fülle bereitgestellt, und diesem Reichtum jagen wir nach. Ich habe dem Herrn die Frage gestellt, wie es ist, wenn ein menschliches Herz in dem Mutterleib dieses irdischen Zeitalters den Ort erreicht, an dem es ganz von Gott erfasst und erfüllt wird. Wie sieht das aus, wenn eine Seele ganz von Gott in Besitz genommen wird?

Wie sieht ein Herz auf Erden aus, das völlig von der Liebe Gottes entfacht ist? Als Gott die Erde schuf und den Menschen mit dem Wissen auf diese Erde stellte, dass sein Leben 70 oder 80 Jahre dauern und dann für immer mit Ihm in Ewigkeit sein wird – was war der höchste Wunsch im Herzen Gottes für die Seele dieses Menschen? Wie sieht ein Herz auf Erden aus, das völlig von der Liebe Gottes entfacht ist? Wenn Gott in unseren Herzen eine Sehnsucht erweckt und uns dann bis ans Ende unserer Tage auf eine Reise des heiligen Verlangens mitnimmt, wie verändert werden wir dann am Ende aussehen? Welches Bild geben unsere letzten Atemzüge dann ab? Wir wissen, dass dieses Portrait für jedes Herz anders aussieht. Das wunderbare Meisterwerk Gottes hat so viele unterschiedliche Schattierungen, und jede Beziehung zwischen Gott und einem Herzen hat ein anderes Gesicht. Doch obwohl jedes Portrait seine eigenen Farben und Qualitäten haben wird, bin ich doch davon überzeugt, dass es auch ein paar allgemeingültige Merkmale gibt, die den Ort der Reife der Liebe in diesem Leben kennzeichnen und die wir kennen und verstehen sollten.

Eine Person, die sich Gott völlig hingegeben hat, ist von der brennenden Flamme der Liebe gebrandmarkt. Es ist das Siegel von Gottes brennender Liebe auf diesem Herzen (Hohelied 8,6). Und an diesen Punkt will Er jeden von uns bringen – dorthin, wo wir ganz von Seiner brennenden Liebe verzehrt werden. Alles, was nicht in Ewigkeit bestehen wird, wird im Feuer Seiner Liebe versengt. Wir werden ergriffen und gefangen genommen und in dieses unauslöschliche Feuer der göttlichen Hingabe hineingezogen. Wir gehören nicht mehr uns, sondern einem Anderen. Wir sind verborgen mit Christus und werden erst offenbar werden, wenn Er offenbar wird. Das Feuer der Liebe hat uns voller Eifer und Zielstrebigkeit ergriffen. Wir haben uns gefangen nehmen lassen und in dieser ewigen Flamme unser Zuhause gefunden. Kein Opfer ist mehr zu groß, und es gibt keinen Lohn, der uns wichtiger wäre als der Lohn der Liebe Christi. Ohne auch nur einen Moment zu zögern, würden wir all unseren irdischen Reichtum und all unsere Besitztümer für die Liebe geben und dabei jede Anerkennung unseres Opfers verachten (Hohelied 8,7). So wie Paulus es verkündete: «Ja, noch mehr: ich sehe alles als Schaden an, weil die Erkenntnis Christi Jesu, meines Herrn, alles übertrifft. Um seinetwillen ist mir das alles ein Schaden geworden, und ich erachte es für Dreck, damit ich Christus gewinne» (Phil. 3,8). Genau dahin führt der Herr jedes einzelne Herz, das sich diesem heiligen Streben hingegeben hat. Möge Gott uns die unermessliche Gnade schenken, lange Zeit an diesem Ort leben zu können, bis wir Ihn schließlich von Angesicht zu Angesicht sehen! Lasst uns als Männer und Frauen leben, derer die Welt nicht wert ist, weil unser Leben von der gänzlichen Hingabe an Ihn bestimmt ist!

Dieser Ort der reifen Liebe ist auch der Ort, an dem es kein Zurück mehr gibt. Wenn wir auf diese Weise von der Leidenschaft der Liebe ergriffen sind, dann haben wir den Punkt überschritten, an dem es uns noch möglich wäre, zu unseren früheren Freuden zurückzukehren. Petrus war an diesem Ort, als Jesus ihn fragte, ob er Ihn auch wegen Seiner Lehre verlassen wolle. Und Petrus sagte: «Herr, wohin sollen wir gehen? Du hast Worte des ewigen Lebens» (Joh. 6,68). Wir haben unsere alten Wege hinter uns gelassen. Wir sind wahrlich an einem Punkt angelangt, wo wir nichts mehr haben, zu dem wir zurückkehren könnten, denn vor langer Zeit schon haben wir Jesus zum einzigen Lohn unseres Lebens gemacht. Wie der Psalmist, so rufen auch wir: «Was habe ich im Himmel außer dir? Neben dir erfreut mich nichts auf dieser Erde. Auch wenn mein Leib und mein Herz verschmachten, Gott ist der Fels meines Herzens und mein Anteil auf ewig» (Ps. 73,25-26).

Er bringt uns an keinen geringeren Ort, als den der völligen Ergebenheit unserer Herzen. Wenn uns Seine Liebe verzehrt, dann werden wir eins mit Seinem Herzen, Seinen Gedanken, Seiner Seele und Seiner Kraft. An diesem Ort gibt es keine Meinungsverschiedenheit mehr zwischen Ihm und uns. Wer ein Herz findet, das so gefangen genommen ist, der findet damit auch den Herrn Jesus, denn nichts trennt uns mehr von Seiner Liebe. Wir sind von der Liebe ergriffen, und sie hat uns so fest in ihrer Gewalt, dass selbst der Tod, das Grab und die vielen Wasser mich nicht mehr aus ihrer Hand reißen können (Hohelied 8,6-7). Wie wichtig ist es, dass dieses Feuer Gottes unsere Seelen in Besitz nimmt! Jesus sagte: «Ich bin gekommen, ein Feuer anzuzünden auf Erden; was wollte ich lieber, als dass es schon brennte!» (Lk. 12,49). Der Gott-Mensch mit Feuer in Seinen Augen will jedes einzelne Herz mit Seinem Feuer taufen (Lk. 3,16). Er will jedes freiwillige Herz mit Seiner glühenden Leidenschaft verzehren und unter der Menschheit eine lebendige Flamme der Liebe hervorbringen.

Der brennende Schmerz des Feuers

Wir haben Angst davor, unsere Herzen ganz auszuliefern, und das ist auch verständlich. Die Angst vor dem Feuer hat mit der Tatsache zu tun, dass Gott nichts Geringeres als ein all-verzehrendes Feuer ist. Er ist kein Gott, der halbe Sachen macht. Es gibt keinen neutralen Boden innerhalb der Fülle der Liebe. In diesem ganzherzigen Streben ist kein Platz für Grauzonen, die noch um uns herumschleichen. Wir fürchten uns davor, uns gänzlich auszuliefern, gerade weil wir *Ihn* fürchten. Und es ist gut, dass wir Ihn fürchten, denn die Furcht des Herrn *ist* der Anfang der Weisheit (Spr. 1,7). Aber wir dürfen dieser Furcht nicht erlauben, uns vom Herrn wegzutreiben, sondern sie muss uns unabwendbar zu Ihm hinziehen. Würde ich nicht viel lieber im Zentrum des Allmächtigen Wirbelsturms leben, als von außen auf Seine unbegrenzte Macht zu schauen? Und wäre es nicht besser, bei ewiger Glut zu wohnen (Jes. 33,14), als weit ab von Ihm zu stehen und Sein verzehrendes Wesen abzuweisen? Ist es nicht zu bevorzugen, freiwillig in die Tiefen des Ozeans der Liebe einzutauchen, anstatt am Ufer zu stehen und zu meinen, der bevorstehenden Flut entrinnen zu können? Ich würde mich lieber in dem Ozean dieser unbegreiflichen Liebe versenken und bei dieser ewigen Glut wohnen, als in der Distanz zu Ihm zu leben und zu riskieren, dass diese Distanz mich dazu verleitet, Anstoß an Ihm zu nehmen. In dieser schwerwiegenden Entscheidung liegt meine Sicherheit. Auch wenn ich nicht ganz erfassen kann, wozu ich alles *Ja* sage, so weiß ich doch, dass ich *Ja* zur Liebe sage. Und ich weiß, dass ich für immer von den Armen der Liebe gehalten werde, egal, wohin Er mich auch führt. Ich weiß, dass die Nähe zu Ihm mein Schutz und das Siegel auf meinem Herzen ist (Hohelied 8,6).

Der brennende Schmerz des Feuers hat seine Ursache auch darin, dass wir Ihm so wenig gleichen. «Wer ist unter uns, der bei dem verzehrenden Feuer wohnen kann?»

Der brennende Schmerz des Feuers hat seine Ursache auch darin, dass wir Ihm so wenig gleichen. «Wer ist unter uns, der bei dem verzehrenden Feuer wohnen kann? Wer ist unter uns, der bei ewiger Glut wohnen kann?» (Jes. 33,14). Es ist der, der in Gerechtigkeit wandelt. Die, die reinen Herzens sind, werden Ihn sehen. Wenn wir innerhalb dieses läuternden Feuers bleiben, dann werden wir von unseren Leiden geheilt, und wir werden sogar weiter an den Ort der völligen Gesundung unserer Seele geführt.

Wenn wir dieses verzehrende Feuer kennen und bei Ihm wohnen wollen, müssen wir alle falschen Vorstellungen von Ihm loslassen. Wir kommen vor Ihn als leere Seiten, auf die Er schreiben kann. Mit aufrichtigem Herzen bitten wir Ihn: «Schreibe deinen Namen auf meine Stirn! (Offb. 7,3). Lege dein Siegel auf mein Herz!» (Hohelied 8,6). Wir werden durch die brennende Leidenschaft Seiner Liebe getrieben, und diese Liebe hat uns so weit geführt, wie wir es nie aus unserer eigenen Kraft und unserem eigenen Streben heraus geschafft hätten. Freude hat uns zu dieser absoluten Hingabe befähigt. Wir sind zu liebeskranken Knechten geworden. Sklaven des heiligen Verlangens. Wir haben uns der lebendigen Flamme der Liebe ergeben. Und unsere Augen werden den König sehen in Seiner Schönheit mitten im Glanz Seines Feuers (Jes. 33,17).

Ein anderer Grund für unsere Angst vor dem Feuer des Herrn ist, dass dieser unser Gott uns irgendwie verunsichert. Er ist gefährlich und unberechenbar. Er spielt nicht nach den Regeln der Menschen, sondern nur nach Seinen eigenen. Völlige Hingabe an Ihn ist ein gewagtes Unternehmen mit einem ungewissen Ziel. Wir haben keine Ahnung, was Er mit uns machen wird, wenn wir Ihm alles überlassen. Dies sind verständliche Reaktionen, aber sie sind falsch! Wir sind töricht, wenn wir meinen, dass wir außerhalb dieser Flamme irgendeine Sicherheit hätten. Auch wenn Er ein verzehrendes Feuer ist und wir Seine Wege nicht immer verstehen, weil wir Ihm so wenig gleichen, so ist Er doch unser einziger Zufluchtsort. Auch wenn Er in dem Sinne gefährlich ist, dass wir nicht wissen, wohin Er uns führen wird, so besteht die noch viel größere Gefahr darin, *nicht* von Ihm geführt zu werden. Wir werden auf dieser Reise kein «Niemandsland» finden. Entweder stürzen wir uns in diese höchste Flamme, oder wir verlieren unsere ganze Seele an all die niedrigeren Flammen. Es gibt für uns nur eine einzige weise Entscheidung – uns von dem Feuer der Liebe Gottes verzehren zu lassen.

Entweder stürzen wir uns in diese höchste Flamme, oder wir verlieren unsere ganze Seele an all die niedrigeren Flammen.

Die Höhen und Tiefen der Liebe

«... dass ihr in der Liebe eingewurzelt und gegründet seid und mit allen Heiligen begreifen könnt, welches die Breite und die Länge und die Höhe und die Tiefe ist – und die Liebe Christi erkennen, die alle Erkenntnis übertrifft, damit ihr erfüllt werdet mit der ganzen Gottesfülle.»

Epheser 3,17-19

Wir wurden für die Fülle Gottes und die Fülle Seiner Liebe geschaffen – für eine unendliche Reise. In dieser Fülle liegen die unvorstellbaren Höhen, Tiefen, Längen und Breiten der Liebe verborgen. Wir haben uns die Gemeinschaft mit dem Herrn auf der Höhe der innigen Nähe zu Ihm angeschaut. Wenn Er unsere Herzen mit Seiner wunderbaren Nähe ergreift, dann nimmt Er uns mit auf die Höhen der Freude und der Fülle in Seinem Wort. Er bringt uns auf die Gipfel der Berge und gewinnt unsere Herzen mit Seiner göttlichen Freude für immer für sich. Wir erleben Seine Nähe und werden mit Freude erfüllt. Er offenbart uns Seine Freude an uns und zieht uns so zu sich. Er führt uns im Gebet an den Strom Seiner Liebe. Wie wunderbar sind die Höhen von Gottes Liebe! Wie wunderbar ist die Gemeinschaft und die Fülle! Aber das ist nur ein Teil der Gemeinschaft mit der Liebe, denn neben den Höhen gibt es auch die Tiefe ...

Als wir diese Reise angetreten haben, hatten wir so viele herrliche Absichten und Wünsche und stellten uns vor, dass unser Weg immer nur bergauf gehen würde – ein endloses Hinaufsteigen in immer größere Höhen göttlicher Freude. Wir dachten, wir würden beständig von einer Herrlichkeit zur nächsten aufsteigen. Und in einem gewissen Sinne tun wir das auch. Das Problem ist nur, dass wir das Herz Jesu und das, was *Er* unter Herrlichkeit versteht, nicht verstehen. In unserem aufrichtigen, aber immer noch unreifen Verständnis haben wir angenommen, dass unsere Reise einfach immer so weitergehen würde, hinauf zu stets größerer Freude. Ist es nicht das Einzige, was Sinn macht, dass ständig zunehmende Freude uns von einem Höhepunkt zum nächsten führt, bis wir Ihn schließlich von Angesicht zu Angesicht sehen? Und wieder sage ich, in gewisser Hinsicht ist dies richtig – aber nicht so, wie wir es uns vorgestellt hatten. Wir werden eine Überraschung erleben – eine sehr verwirrende Überraschung.

Wir haben nicht erwartet, dass mit den Höhen der Liebe auch die Tiefen der Liebe kommen.

Wir werden schnell den großen Unterschied feststellen, zwischen dem was wir uns unter dieser Reise zur größeren Liebe vorgestellt hatten, und dem, wie Gott diese Reise tatsächlich geplant hat. Wenn wir von den Anfängen dieser Liebe hin zur Reife gelangen, dann erleben wir, dass Er uns tatsächlich zu einer völligen Hingabe an Ihn führt – und überraschenderweise ist dies weitaus schmerzvoller, als wir uns das vorgestellt hatten. Wir haben nicht erwartet, dass mit den Höhen der Liebe auch die *Tiefen* der Liebe kommen. Mit den Südwinden kommen auch die *Nordwinde,* und mit den Berggipfeln kommen auch die *Täler.* Mit der Kraft der Auferstehung ist auch die Gemeinschaft mit Seinen Leiden verbunden. Mit jedem Schritt, der uns näher zu Ihm bringt, machen unsere romantischen Vorstellungen den Offenbarungen über die tatsächliche Reise Platz – die Reise, auf der wir das Herz des Lammes Gottes wahrhaft kennen lernen. Ist Er nicht immer noch das Lamm auf dem Thron, das geschlachtet ist (Offb. 5,6)? Ist Er nicht immer noch derjenige, der unsere Krankheit und unsere Schmerzen auf sich genommen hat (Jes. 53,4)? Und gibt es nicht bis heute eine Gemeinschaft mit Seinen Leiden (Phil. 3,10), die zu der Erfahrung eines tieferen Trostes führt? Während wir am Anfang von dem Anstieg auf die Höhen der Liebe gezogen, umworben und begeistert wurden, so wird, je tiefer wir in die Gemeinschaft mit dem Lamm Gottes eintreten, unsere Reise mehr und mehr von der hinabsteigenden Natur der Liebe bestimmt werden.

Bei dieser Einladung geht es Ihm wieder nur um die innige Gemeinschaft mit Ihm. Er verlangt nicht von uns, dass wir irgendwo hingehen, wo Er selbst nicht schon gewesen wäre. Er legt uns kein Kreuz auf, das nicht schon in Seinem Kreuz mit eingeschlossen wäre. Er lädt uns zur Gemeinschaft mit Seinen Leiden ein, damit wir das volle Ausmaß der innigen Nähe erleben können. Diese Fülle kann nicht allein durch Höhenflüge erfahren werden. Es sind die Tiefen, die die Fülle vollenden. Er verlangt danach, dass wir Ihn auch an diesem Ort kennen lernen. Wenn wir an Seinen Leiden teilhaben, werden wir auch an Seinem Trost teilhaben (2. Kor. 1,7).

Wir haben zu Ihm und zu Seiner Fülle *Ja* gesagt, egal, was es kostet. Jetzt nimmt Er uns mit an Orte, von denen wir nie dachten, dass sie zur Liebe gehörten. Und da, wo wir denken, dass wir bald am Boden des Ozeans angelangt sein müssten, führt Er uns noch in tiefere

Tiefen. Unsere Herzen rufen aus: «Wie tief wird mich dieser Strom noch reißen? Wie weit steigen wir noch hinab, Jesus?» Wir sind verwirrt, wenn wir herausfinden, dass es immer noch tiefer in diesen gefährlichen Ozean geht, dass die Gemeinschaft mit Seinen Leiden stets intensiver wird und sich der Herr dafür nicht einmal entschuldigt. Er leistet uns auch keinen Schadensersatz für das, was wir als «zu viel» und «zu schwierig» betrachten. Er ist weder überrascht noch besorgt über die Intensität und Schwere der Prüfung. Das ist der Weg, den die Liebe uns führt. Von den Höhen der Freude gehen wir zu den Tiefen des Leidens in der Liebe – damit wir Ihn in der Kraft Seiner Auferstehung und in der Gemeinschaft Seiner Leiden kennen lernen (Phil. 3,10).

Derjenige, der das gewagte Gebet «fülle mich mit der ganzen Fülle Gottes» an Gott gerichtet hat, wird schon bald das Gewicht dieser Bitte tragen. Denn der Mann, über den das Freudenöl ausgegossen ist, hat auch den Kelch des Leides getrunken. Die Tiefen der Liebe widersprechen den Höhen der Liebe nicht. Der Löwe Judas ist auch das Lamm Gottes. Der König über alle wurde aller Knecht. Welch scheinbares Paradox in Seinem Wesen! Welch weites Spektrum in Seiner Liebe! Er ist nicht nur in eine unvorstellbare Welt *aufgestiegen*. In Seiner gewaltigen Liebe für uns ist Er auch in unvorstellbare Welten *hinabgestiegen*. «Der hinabgefahren ist, das ist derselbe, der aufgefahren ist über alle Himmel, damit er alles erfülle» (Eph. 4,10). Als wir den Herrn um Seine Fülle gebeten hatten, waren wir nicht enttäuscht, als Er uns auf die Höhen Seiner Freude geführt hat. Als es immer höher hinaufging, haben wir uns nicht beschwert. Sollten wir Ihn jetzt abweisen, da Er unser Gebet nach Seiner Fülle weiterhin erhört und uns auch in die Tiefen Seiner Liebe einlädt? Sollten wir jetzt Anstoß nehmen, da die Tiefe der Liebe zu größeren Tiefen vorstößt? Beide Extreme können nicht voneinander geschieden werden. Denn beide, Höhen wie Tiefen, wohnen im Herzen des

Denn beide, Höhen wie Tiefen, wohnen im Herzen des Lammes. Sie sind das zweischneidige Schwert, das unsere liebeskranken Herzen so verwundet hat.

Lammes. Sie sind das zweischneidige Schwert, das unsere liebeskranken Herzen so verwundet hat. Sie gehören untrennbar zusammen und können getrennt voneinander nicht existieren. Was ist Höhe ohne Tiefe? Wer kann Tiefe ohne Höhen definieren? Das eine definiert das andere. Wenn ich auf den glückseligen Höhen der Berggipfel tanze, dann bin ich in der Erinnerung an die Tiefe verankert. Wenn ich das Gefühl habe, dass ich in den Tiefen der Leiden dieser Liebe untergehe, dann hält meine Seele an den Erinnerungen der Höhen fest, die ich in Gott erlebt habe.

Oh, das Herz des Lammes Gottes! Der Eine, der ganz Gott und ganz Mensch ist, trägt die Fülle der Liebe in Seinem Herzen – und diese Fülle umfasst den Gipfel der Höhe und den Grund der Tiefe. «Denn ihr kennt die Gnade unseres Herrn Jesus Christus: obwohl er reich ist, wurde er doch arm um euretwillen, damit ihr durch seine Armut reich würdet» (2. Kor. 8,9). Dies ist das Lamm Gottes. Dies ist der ewige Bräutigam.

Die Höhen Seiner Person empfangen wir bereitwillig und gerne. Er ist der König der Könige und der Oberste von Zehntausend. Er regiert die Königreiche des Himmels und der Erde. Er ist hoch erhoben in Seinem herrlichen Glanz. Wir lieben Seine göttliche Macht, denn Er rechtfertigt uns mit Seinem Heil und zerstört unsere Feinde mit Seiner Kraft. Aber so groß wie Seine Macht, so groß ist Seine Demut. In Seinem Wesen sind Seine Größe und Seine Sanftmut ohne Widerspruch vereint. Der Eine, der zu dem höchsten Ort hinaufgefahren ist und dem der Name gegeben ist, der über allen Namen im Himmel und auf Erden steht, ist derselbe, der auch an den tiefsten Ort hinabgestiegen ist. Er wurde zum Knecht, unser aller Diener, nahm die Sünde der ganzen Welt auf sich und ertrug die volle Wucht des Zornes Gottes. Dieser Gott-Mensch verkörpert die Höhen und Tiefen der Liebe in Seiner eigenen Person. Die gesamte Spannbreite der Liebe hat ihren Wohnsitz im Herzen dieses Königs. Er ist mit Leid genauso vertraut wie mit Triumph.

Die Frage, die wir uns stellen müssen, ist: Nehme ich Anstoß an Seiner Sanftmut? Heiße ich Seinen Ruhm willkommen und verabscheue ich Seine Demut? Habe ich Ihn als König angenommen und als Knecht abgelehnt? Kenne ich Ihn nur in Seiner Heiligkeit und nicht in Seiner Niedrigkeit? In der gewaltigen Größe Seines Wesens ist es Seine Sanftmut und Demut, an der wir am meisten Anstoß nehmen.

In der gewaltigen Größe Seines Wesens ist es Seine Sanftmut und Demut, an der wir am meisten Anstoß nehmen.

Und genau dieser Teil Seines Herzens ist es, der uns zur Gemeinschaft mit Seinen Leiden einlädt. Das sanftmütige Lamm Gottes, das geschlachtet wurde. Der Mann der Schmerzen, der allein in Gethsemane weinte. Wenn wir die Fülle des Herzens unseres Bräutigams kennen lernen wollen, dann müssen wir die erbarmungslose Tiefe verstehen, in die Ihn die Liebe geführt hat. Lasst uns nicht die Flutwellen dieses großen Ozeans, mit dem wir uns vereint haben, annehmen, und die Tiefen zurückweisen.

Jesus kommt im Hohenlied Salomos zu der Magd und klopft an ihre Tür (Hohelied 5,2). Sein Haupt ist mit dem Tau der Nacht bedeckt. Er kommt vom Garten Gethsemane und hat die gleiche Bitte, die Er an Seine Jünger richtete. Er bittet sie, Ihm zu öffnen und Ihn hereinzulassen. Er lädt sie zur Gemeinschaft mit Seinen Leiden ein. Ich kann mir diese Szene sehr gut vorstellen. Er kommt nicht als Streiter und nicht als König. Er ist nicht der triumphierende Hirsch auf den Felsen der Berge (Hohelied 2,8). Sein Herz ist schwer und Seine Augen sind rot vom Weinen in Seiner Not. Sie hätte Ihm antworten können: «Jesus, Du siehst ja so anders aus. Ich habe Dich noch nie so gesehen. Anstatt als siegreicher König kommst Du nun zu mir als leidendes Lamm. Jesus, warum zitterst Du? Was ist in Deinem Herzen geschehen, dass Du so leidest? Wohin hat Dich die Liebe geführt, o Gott? Denn sicherlich bist Du in eine Tiefe gestürzt, die ich nicht kenne.

Die Liebe hat Dich auf den tiefsten Grund des Ozeans geworfen, und du hast Dich willentlich ihrer Kraft ergeben. O Jesus, Mann der Schmerzen, ich habe Dich noch nie so gesehen.»

So sieht das sanftmütige Herz des Lammes aus. Der Mann, der vor 2000 Jahren auf dieser Erde wandelte, hat sich nicht verändert. Die Sehnsucht, die damals in Seinem Herzen aufstieg, lebt immer noch in Seinen Worten: «Vater, ich will, dass ... sie sind, wo ich bin» (Joh. 17,24). Diese Sehnsucht hat Ihn in Tiefen getrieben, die wir nicht fassen können. Ist Er nicht in die Tiefen der Hölle hinabgestiegen, um alle Feinde der Liebe zu überwinden? Ja, wir haben noch nicht einmal ansatzweise die Realität dessen berührt, wie hoch, wie tief und wie weit die Liebe Christi ist. Doch Er lädt uns dazu ein, diese ganzen Ausmaße der Liebe kennen zu lernen: «Denn euch ist es gegeben um Christi willen, nicht allein an ihn zu glauben, sondern auch um seinetwillen zu leiden» (Phil. 1,29). Lasst uns nicht bei den Höhen der Liebe stehen bleiben, wo wir uns ausschließlich in der Kraft der Auferstehung bewegen und die Freuden Seiner Herrlichkeit erleben. Lasst uns auch Seine Einladung zur Gemeinschaft in der Tiefe annehmen, auch wenn sie viel tiefer reicht, als wir uns das vorgestellt hatten. Denn wir verlangen doch danach, diesen Mann Jesus Christus in Seiner Fülle zu kennen. Wir wollen Freunde des Bräutigams sein. Wir wollen in Seinem Rat stehen und Sein Herz kennen. Wir können dieses brennende göttliche Herz nicht nur bis zu einem gewissen Grad annehmen. Wir müssen zu diesem großen Ozean sagen: «Ich habe mich mit Dir vereint. Ich will Dich empfangen mit allem, was Du bist.»

Lasst uns nicht bei den Höhen der Liebe stehen bleiben … Lasst uns auch Seine Einladung zur Gemeinschaft in der Tiefe annehmen …

Göttliches Eigentum

«… In ihm habt ihr das Siegel des verheißenen Heiligen Geistes empfangen, als ihr den Glauben annahmt. Der Geist ist der erste Anteil des Erbes, das wir erhalten sollen, der Erlösung, durch die wir GOTTES EIGENTUM werden, zum Lob seiner Herrlichkeit.» *Epheser 1,13*

Der Herr will unser Herz, unsere Seele, unseren Verstand und unsere Kraft ganz. Er bringt uns auf unserer Reise an einen Punkt, an dem sich eine ganz bestimmte Umwandlung vollzieht. Es ist der Ort, an dem wir nicht mehr nach unserem eigenen Erbe in Jesus trachten, sondern wo wir als solche leben, die *Sein* Erbe sind. Er verlangt danach, dass wir immer mehr von dem Reichtum der Herrlichkeit Seines Erbes in uns erkennen (Eph. 1,18). Es geht uns nun nicht mehr in erster Linie um unsere eigene Freude in Ihm, sondern wir geben uns Ihm hin, damit Er sich an uns erfreuen kann. Wir nehmen die Position derer ein, an denen Er Sein Wohlgefallen hat, und die die Freude Seines Herzens sind. Wir sind Sein Eigentum, Sein Erbe und Sein Lohn (5. Mose 32,9; Eph. 1,14). Er führt uns an den Ort, wo wir uns mehr als alles andere wünschen, dass unser Geliebter zu Seinem Garten kommt und sich an dem labt, was Er selbst dort gepflanzt, und von dem trinkt, was Er selbst in uns hineingegossen hat. Wir rufen aus: «Mein Geliebter, komme und esse von seinen edlen Früchten» (Hohelied 4,16). Unser Gebet ist, dass Gott die Fülle der Freude an dem haben möge, was Er selbst in uns gepflanzt und hervorgebracht hat.

Unser Gebet ist, dass Gott die Fülle der Freude an dem haben möge, was Er selbst in uns gepflanzt und hervorgebracht hat.

Diesem Wandel unterziehen wir uns freiwillig. Obwohl wir völlige Freiheit haben, drängt uns die Liebe doch dazu, uns für Ihn zu entscheiden und uns so dicht an Ihn zu halten, als wären wir an Ihn gebunden. Unsere ganze Treue gehört Ihm, und wir sind Sein Eigentum und Sein Erbe. Wir geben uns hin als lebendiges Opfer, das heilig und Gott wohlgefällig ist (Röm. 12,1). Und wir warten auf den, der mit Feuer vom Himmel antwortet und unser Opfer des Verlangens auf dem Altar verzehrt, auf den wir uns gern begeben haben. Unser letztendliches Ziel ist nicht mehr unsere eigene Freude, sondern *Seine* Freude. Wir wollen, dass Er in uns und durch uns den Lohn für die Mühen Seiner Seele empfängt (Jes. 53,11). Er wollte mehr als nur eine Braut, die von Ihm fasziniert ist. Er hat in uns eine ewige Gefährtin für sich beansprucht, die nicht beim Empfangen Seiner Liebe stehen geblieben ist, sondern die Reise an einen höheren Ort fortgesetzt hat, an dem uns die Liebe so verzehrt, dass wir unser Leben als lebendiges Opfer für Gott hingeben. Wir sind Diener und Gefangene der Flamme der Liebe.

Durch die Menschheitsgeschichte hindurch sehen wir bis heute viele glanzvolle Lichter solcher Menschenleben, derer die Welt nicht wert war ... so verzehrt, so überwältigt und so voller Liebe für den Mann Jesus Christus, dass sie wie jemand von einer anderen Welt erschienen ... die ihr Leben für nichts erachteten und in den Tod gaben, weil ihre heilige Leidenschaft sie dazu zwang. Durch die Geschichte hindurch hat das Leben vieler Märtyrer Jesu den Wohlgeruch der Liebe Gottes verbreitet, sodass sich diejenigen, die sie verfolgten, allein aufgrund des bloßen Zeugnisses ihrer Hingabe an Christus, bekehrten und Christus ihr Herz anvertrauten. Dies ist die Kraft von jenen, die ganz von der Liebe Gottes in Besitz genommen wurden. Dies sind die Menschen einer anderen Welt.

Diese Art von kraftvoller Inbesitznahme sehen wir auch im Hohenlied (5,2), wo Jesus als leidender Knecht zu Seiner Braut kommt. Jesus klopft an der Tür ihres Herzens und lädt sie zur Gemeinschaft mit Seinen Leiden ein. Sie erhebt sich, um Ihm zu öffnen, aber sie findet niemanden. Er ist bereits fort. Mit einem verzweifelten und sehnsüchtigen Herzen irrt sie durch die Nacht, um Ihn zu suchen. Sie ruft Seinen Namen, aber Er antwortet nicht. Sie sucht Ihn, aber sie findet Ihn nicht. Mitten in ihrer schmerzlichen Suche wird sie von den Wächtern der Stadt gefunden, von ihnen geschlagen und tief verwundet. Auf ihrer gesamten bisherigen Reise hat sie ein solch schreckliches Leid noch nicht erfahren. Ihr Schmerz und ihre Not besteht aus dem überraschenden Verschwinden ihres Geliebten auf der einen Seite und der grundlosen Misshandlung durch die Wächter auf der anderen Seite.

Was für eine Finsternis in dieser Nacht. Hier wird das Herz geprüft. Und aus der Tiefe dieses größten Leides hören wir das schönste Lied aus dem von Liebe überwältigten Herzen der Braut.

Wir werden Zeuge der Antwort eines Menschen, dessen Leib, Seele und Geist dem Aufseher der Liebe gehören. Sie gehört nicht mehr sich selbst, sie ist Sein. Und kein Sturm der Not oder des Leids könnte sie aus den Armen der Liebe reißen. Mit unvergleichlicher Hingabe ruft sie aus: «Findet ihr meinen Geliebten, so sagt ihm, dass ich krank bin vor Liebe» (Hohelied 5,8).

In der Tiefe ihres Schmerzes hat sie nur eine Antwort. Die Antwort der Liebe. Sie sagt zu den Töchtern: «Bringt meinem Geliebten eine Nachricht, falls ihr Ihn vor mir finden solltet. Sagt Ihm, dass mein Herz keinen Anstoß an Ihm genommen hat. Sagt Ihm, dass auch jetzt, inmitten dieser totalen Finsternis und Verwirrung, ein heiliger Strom der Leidenschaft in meinem Herzen für Ihn fließt. Sagt Ihm, dass ich Ihm auch jetzt vertraue. Aber sagt Ihm vor allem, dass ich krank vor Liebe nach Ihm bin – gerade jetzt.»

Was für eine Liebe, mit der Gott uns füllt. Sie ist stark wie der Tod. Der Anspruch, den die Liebe auf ein freiwilliges Herz erhebt, ist genauso unerbittlich wie der Anspruch des Todes auf den gefangenen Leib. Ihre Leidenschaft ist so stark wie das Grab, sie verschlingt seine Geisel ohne Skrupel. Sie schafft in einem willigen Herzen ein Meisterwerk an unerschrockener Hingabe. Die Härte körperlichen Leidens und sogar des Todes verschwindet im Nichts im Vergleich zu der Unerbittlichkeit der brennenden Leidenschaft für Gott. Jesu Liebe für uns brach durch die Schranken des Todes, und dies ist die Liebe, die in unseren Herzen für Ihn brennt! Ihre Flammen sind Feuerflammen, die sprühen voller Verlangen und großer Leidenschaft. O, die eifersüchtige Glut der Liebe Gottes! Sie ist das Feuer, das unsere Herzen verzehrt und uns für immer Sein Siegel aufdrückt. «Denn ich bin gewiss, dass weder Tod noch Leben, weder Engel noch Mächte, weder Gegenwärtiges noch Zukünftiges, weder Gewalten der Höhe oder Tiefe noch irgendeine andere Kreatur uns scheiden können von der Liebe Gottes, die in Christus Jesus ist, unserem Herrn» (Röm. 8,38-39).

Unter dem Schutz der «Ewigen Flamme» sind unsere Herzen davor bewahrt, Anstoß an Ihm zu nehmen, selbst in der Stunde größter Prüfungen. Wenn wir uns der höchsten Flamme hingegeben haben, dann sind unsere Herzen vor allen niedrigeren Flammen geschützt.

Wenn wir uns freiwillig zu Dienstboten der Liebe machen, kann niemand sonst über uns verfügen. Dann sind wir endlich wirklich frei. Wenn wir uns der Verwundung durch die Liebe Gottes ergeben haben, dann hat keine andere Wunde mehr Macht über uns. Wenn wir uns in der Verwirrung und dem Schmerz unserer Bedrängnis an diesem Bild aus dem Hohenlied orientieren wollen, dann bleibt uns nur eine Antwort – die Antwort eines liebeskranken Herzens!

Die Härte körperlichen Leidens und sogar des Todes verschwindet im Nichts im Vergleich zu der Unerbittlichkeit der brennenden Leidenschaft für Gott.

Heute gibt uns der Herr diese Einladung. Ganzherzige Antworten sind das Einzige, was die Schwierigkeiten unserer Tage von uns fordern. Während wir uns dem Tag der Wiederkunft unseres Geliebten und dem Ende der irdischen Zeitgeschichte nähern, bringt Gott Herzen hervor, die mit der Liebe Gottes brennen. Er ruft alle, die hören, die Reise anzutreten, hin zu einem Herzen, das brennt. Bei Seiner Einladung geht es nur um Liebe, und Er ist das eifersüchtige Feuer ihrer gewaltigen Flammen. Er will unser Herz ganz, nicht nur einen Teil davon. Er fordert uns auf, uns ganz in den Ozean Seiner Leidenschaft zu versenken, bis wir völlig von Ihm verzehrt und unwiderruflich an Ihn gebunden sind.

Die Schwere der Prüfung, die wir als Liebende Jesu am Ende der Tage erleben werden, wird die ungeschminkte Erfüllung dessen sein, was durch die Schulamiterin veranschaulicht wird (Hohelied 5). In der Finsternis der Nacht wird der, den wir lieben, uns dazu einladen, aufzustehen und Ihm zu begegnen (Matth. 25,1). Mit brennenden Herzen, die nach Ihm verlangen, werden wir uns erheben und Jesus in die Nacht folgen. Und in dieser Stunde werden unsere Herzen geläutert werden. Die Prüfung wird darin bestehen, dass der Herr auf sich warten lässt, während wir mit der Härte schwerer Verfolgung konfrontiert sind.

Wie werden wir reagieren, wenn wir sehen, dass Er fortgegangen ist? Und wie gehen wir damit um, wenn Er es *zulässt,* dass wir um seinetwillen verfolgt werden (Matth. 5,12)? Was wird dann in unseren Herzen aufsteigen? Werden wir Sein Herz kennen? Wird uns unsere Geschichte der Nähe zu Ihm vor Zweifeln in dieser Stunde bewahren? Haben wir Ihn aus vergangenen Zeiten und früheren Erfahrungen gut genug kennen gelernt, sodass jetzt unsere Herzen bewahrt bleiben, Anstoß an Ihm zu nehmen? «Selig ist, wer an mir keinen Anstoß nimmt» (Matth. 11,6). Werden wir Seine Liebe in den Kammern unseres Herzens so empfangen haben, dass ihre Flamme alle niedrigeren Flammen verzehrt? Oder werden unsere Herzen unter dem Gewicht solcher Schwierigkeiten und Krisen zerbrechen? Wird Seine Einladung für uns zu radikal werden, wenn wir mitten in Bedrängnis und Not dem Druck standhalten müssen?

Er fordert uns auf, uns ganz in den Ozean Seiner Leidenschaft zu versenken …

O, mögen wir doch als Braut Christi bereit sein, auf diese Stunde angemessen zu reagieren ... wenn unsere Ankläger spotten: «Was ist so besonders an deinem Geliebten? Hat Er dich nicht verlassen? Warum lässt Er es zu, dass dir das geschieht, wenn Er dich wirklich so liebt, wie du behauptest?» … dass unsere Antwort dann nicht einfach aus einwandfreier Theologie besteht, sondern aus einem lebendigen Strom vertrauender Liebe: «Ich will dir von meinem Geliebten erzählen. Er ist wunderschön. Er ist voller Glanz. Er ist der Oberste unter Zehntausend, und Seine Führung in meinem Leben ist perfekt. Oh, Er ist atemberaubend! Er ist wunderbar! Und alle Seine Wege sind gerecht und wahrhaftig! Das ist mein Geliebter, das ist mein Freund.»

In der Stunde, in der Gott sich erhebt, um alles zu erschüttern, was erschüttert werden kann, wird Er auf Erden viele Leute mit brennenden und standhaften Herzen haben. Es sind die, die mit der ganzen Kraft ihres Seins in den Ozean der Liebe Gottes eingetaucht sind. In uns ist das ewige Feuer der Liebe – der Liebe, die bleibt, wenn alles andere vergeht. Unsere Herzen werden aus dem

Mutterschoß der Zeit mit einer Leidenschaft hervorgehen, deren brennende Flammen bis in alle Ewigkeit nicht erlöschen werden. Wir werden als Sklaven der Liebe wie strahlende Lichter hervortreten und ohne Scham von dem verzehrt werden, der unsere Seele liebt.

Über die Autorin

Dana Candler ist Autorin, Sprecherin und Lehrerin an der Forerunner School of Ministry, einer Bibelschule, die dem *International House of Prayer* (IHOP) in Kansas City, USA, angeschlossen ist. Sie und ihr Ehemann Matt arbeiten vollzeitlich als Fürbittemissionare im IHOP und sind seit 1999 dort Teil der Leiterschaft. Die Botschaft, die auf Danas Herzen brennt, ist die *innige Gemeinschaft mit Gott und die nie endende Suche nach der Fülle Seiner Liebe,* für die wir alle geschaffen wurden.

Es liegt ihr auf dem Herzen, diese Leidenschaft zu verstärken, vor allem in Anbetracht der historischen Stunde, in der wir leben, und der dringenden Notwendigkeit, dass die Gläubigen auf der ganzen Welt in diesem Bereich der Liebe vollkommen erwachen – um gänzlich vorbereitet zu sein auf die Ereignisse, die der Wiederkunft Christi vorausgehen werden.

Seine Verborgene Nähe

Kontemplative Musik

Für diese Musik-CD haben sich die besten Künstler vom International House of Prayer von Dana Candler's gleichnamigen Buch inspirieren lassen und zu jedem Kapitel ein Titel komponiert.

Eine faszinierende musikalische Reise mit kontemplativer Anbetungsmusik, deren zumeist instrumentale Klänge und unterschiedliche Stilrichtungen den Hörer in die Tiefen der Gegenwart Gottes führen. Folgende Interpreten waren daran beteiligt: Ruth Fazal, Pablo Perez, Marcus Meier, Dave Wiens, Luke Hendrickson, Carol Hall, Joshua Hawkins und Gregg Stone.

13 Titel, 68 Minuten, Bestell-Nr: 6910107 Forerunner Music Asaph Musik

Die Musik-CD erhalten Sie in Ihrer Buchhandlung oder online unter www.inspired-media.com

Seine Liebe zur Braut

Vollmacht im Gebet durch innige Beziehung mit Jesus

Von Gary Wiens

Seine Liebe zur Braut ist die ergreifende Botschaft von der leidenschaftlichen Liebe Gottes für uns – die Braut seines Sohnes.

Gary Wiens zeigt uns auf, wie gerade diese Wahrheit uns von einem leistungsorientierten und angsterfüllten Christsein befreit und uns zu einer innigen Gemeinschaft mit dem lebendigen Gott finden lässt. Dabei geht der Autor vor allem auf den Stellenwert der Nähe zu Gott im Gebet ein. Gebet war von Gott nie als Pflichtübung gedacht, sondern als ein verborgener Ort der Herzensnähe, an dem zwei Liebende zu einer innigen Gemeinschaft finden.

290 Seiten, Paperback, ISBN 3-9523000-0-4

International House of Prayer IHOP

«... denn mein Haus wird ein Bethaus genannt werden für alle Völker.»

Jesaja 56,7

Am 19. September 1999 begann in Kansas City, USA, eine Anbetungs- und Fürbitteversammlung, die bis zum heutigen Tag anhält. Seit über sechs Jahren wird dort nun Lobpreis und Gebet rund um die Uhr praktiziert. Das *International House of Prayer* ist ein überkonfessioneller Gebetsdienst, der 24 Stunden am Tag dem Leib Christi in Kansas City und der Umgebung dient. Der Dienst ist nach der Stiftshütte Davids aufgebaut (1. Chr. 13-16; 23-25) und konzentriert sich auf die «Gebetsseite» des großen Missionsbefehls Jesu. Er basiert auf der Tatsache, dass Anbetung, Musik und Fürbitte im Himmel am Thron Gottes zusammenfließen (Offb. 4-5). Die Schrift prophezeit, dass Gott die Stiftshütte wieder neu aufrichten wird in Zusammenhang mit der großen Ernte, die am Ende der Tage eingefahren werden wird (Apg 15,16; Amos 9,11). Dies deutet auf eine weltweite «Fürbitte-Anbetungs»-Bewegung hin, die in der Generation, in der der Herr wiederkommt, in vollem Gange sein wird. Überzeugt davon, dass Jesus einer unaufhörlichen Anbetung würdig ist, geben Männer und Frauen jeden Alters und von überall auf der Welt sich dieser verschwenderischen Liebe durch das 24/7-Gebet hin.

Eingeteilt in vierundachtzig zweistündige Treffen in der Woche erheben Teams, bestehend aus Musikern, Sängern und Fürbittern ihre Stimmen und bitten Gott im Gebet, Seine Verheißung zu erfüllen und Jesus die Nationen der Erde als Sein Erbe zu übergeben.

Mehr Informationen zum International House of Prayer auf: www.ihop.org